© Elisabeth Sandmann Verlag GmbH, München
1. Auflage 2010
ISBN 978-3-938045-22-0

Texte   Claudia Lanfranconi, Antonia Meiners
Redaktion   Regina Carstensen, Eva Römer
Gestaltung   Kuni Taguchi
Herstellung   Karin Mayer, Peter Karg-Cordes
Lithografie   Christine Rühmer
Druck und Bindung   L.E.G.O., Vicenza

Besuchen Sie uns im Internet unter www.esverlag.de

Claudia Lanfranconi
Antonia Meiners

Kluge Geschäftsfrauen

*Maria Bogner, Aenne Burda, Coco Chanel, Florence Knoll,
Estée Lauder, Miuccia Prada, Margarete Steiff, Marie Tussaud u.v.a.*

ELISABETH
SANDMANN

INHALT

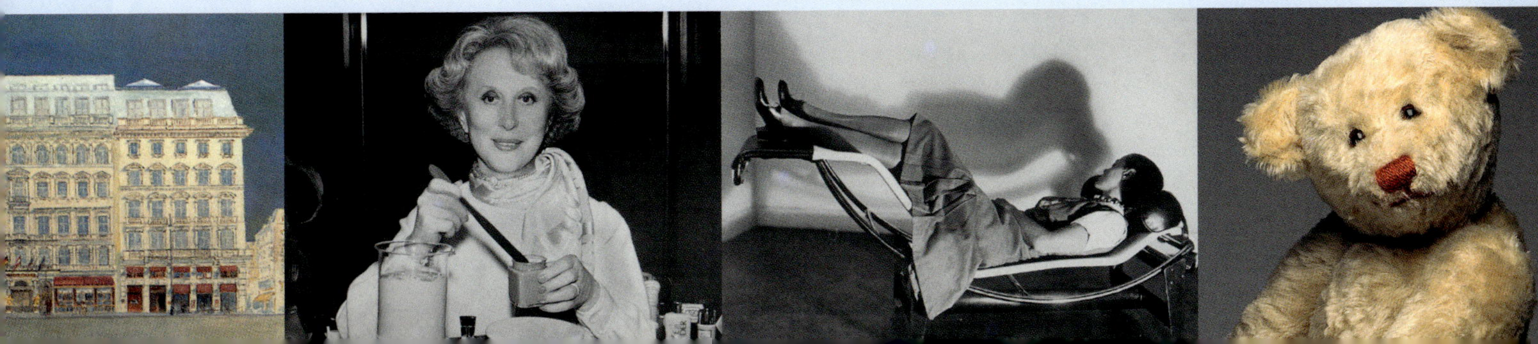

Kluge Geschäftsfrauen

Immer mehr Frauen haben nicht nur eine exzellente Ausbildung, sondern auch den Mut, sich in einen Chefsessel setzen zu wollen. Im Umgang mit Kunden und Geschäftspartnern beweisen Frauen viel Fingerspitzengefühl, und ihr Engagement für sozial- und umweltverträgliche Produkte ist oft höher als bei Männern. Das schwächt ihre Position aber keineswegs. Als private Finanzanleger stehen sie sogar solider da als Männer, allein deshalb, weil sie sicherheitsbewusster und vorausschauender als diese investieren – das jedenfalls haben Untersuchungen ergeben. Umso enttäuschender, dass es immer noch weniger als zehn Prozent der erwerbstätigen Frauen in die Vorstandsetagen großer Konzerne schaffen. Als *glass ceiling*, als »gläserne Decke«, bezeichnet man die für hoch qualifizierte Frauen oft unüberwindbare Hürde zwischen dem mittleren und oberen Management. Fragt man nach, warum männliche Führungskräfte bei gleicher Qualifikation oftmals bevorzugt werden, so lautet die Begründung vielfach: Frauen seien aufgrund ihrer familiären Verpflichtungen ein höheres Risiko und würden zudem eine geringere Arbeitsmotivation aufweisen. Das mag in Einzelfällen zutreffen, da sich Frauen immer noch vorrangig neben ihrer Berufstätigkeit um Haushalt und Familie kümmern. Mit Löwenkräften muss man aber auch ausgestattet sein, um die Doppelbelastung von Kindern und Konzernkarriere zu bewältigen. Dass viele qualifizierte Frauen aufgrund der ungleichen Aufstiegschancen erst gar nicht versuchen, an die Spitze zu gelangen, ist ein nachgewiesener Teufelskreis der vorherrschenden Stellenpolitik.

Doch es kommt Bewegung in die obersten Etagen. Seit 2009 ist Simone Bagel, eine Nachfahrin des Firmengründers Fritz Henkel, die erste Frau, die den Aufsichtsrat eines DAX-Unternehmens in Deutschland führt. Sie ist promovierte Biologin und Mutter zweier Kinder. Die Modefirma Escada ist gerade von Megha Mittal übernommen worden, der die Presse immerhin attestiert, dass man sie nicht unterschätzen solle, auch wenn sie nicht aus der Modebranche kommt. Sie selbst hat Finanzwesen in den USA studiert und ist dabei zu der Erkenntnis gelangt, dass es nicht schlecht sei, eine Bilanz lesen zu können. Dennoch machen sich in Europa nur acht Prozent der erwerbstätigen Frauen selbstständig, während doppelt so viele Männer diesen Schritt gehen.

Selbst ist die Frau

Dabei lässt sich der Traum von der finanziellen Unabhängigkeit für Frauen in Eigenregie oft besser realisieren als in einem großen Unternehmen mit von Männern dominierten Hierarchien. Selbstständige verdienen in der Regel wesentlich besser als abhängig Beschäftigte. Außerdem kann jede Frau in der eigenen Firma über die Einführung neuer Ideen und den Führungsstil bestimmen. Jüngste Beispiele können diese Einsicht nur bestätigen. So beläuft sich das Vermögen der 1953 geborenen indischen Geschäftsfrau Kiran Mazumdar-Shaw auf eine halbe Milliarde Dollar. Ende der Siebzigerjahre gründete sie mit einem Startkapital von nur 10 000 Rupien (rund 220 Dollar) die Firma Biocon India. Die Tochter eines Brauereimitarbeiters hatte die Idee, ein Enzym aus der Papaya zu synthetisieren, um Fruchtsäfte länger haltbar zu machen. Mittlerweile reicht die Produktpalette von cholesterinsenkenden Medikamenten bis hin zu Blutzuckerpräparaten. Seit 2004 ist das Unternehmen an der Börse. Kiran Mazumdar-Shaw gehört zu jenen Unternehmerinnen, die Vorbild sein können – ebenso wie die zweiundzwanzig Geschäftsfrauen, die in diesem Buch porträtiert werden. Sie kommen aus Europa und Amerika, sie stammen aus allen gesellschaftlichen Schichten und haben sich in den letzten 250 Jahren in den unterschiedlichsten Bereichen hervorgetan. Keine Karriere gleicht der anderen. Doch eines haben alle Frauen gemeinsam: Sie hatten den Ehrgeiz, die Energie und das Durchsetzungsvermögen, ihre Vorstellungen konsequent zu verfolgen – und zwar höchst erfolgreich und gegen jeden Widerstand. Ihre Auswahl für dieses Buch erfolgte aber letztlich subjektiv. Die Frauen stehen beispielhaft für viele einfallsreiche Geschäftsfrauen, die den Mut hatten, sich in der freien Wirtschaft zu behaupten und den Männern Paroli zu bieten.

Frauen bevorzugen Win-win-Situationen

Pionierinnen hatten es noch nie einfach, und gerade die ersten Geschäftsfrauen, die sich ökonomischen Einfluss verschafften, mussten sich nicht selten gegen Vorurteile und Restriktionen durchsetzen, um ihren Traum zu verwirklichen. Von den Männern im 18. und

19. Jahrhundert wurde erwartet, in der Öffentlichkeit eine Rolle zu spielen. Bürgersfrauen hatten in diesem Raum nichts zu suchen, sie sollten sich in den eigenen vier Wänden um das Wohl des Ehemanns und der Kinder kümmern. Höhergestellte Damen der Gesellschaft konnten sich noch karitativ, als Mäzenin der Künste oder als Dichterin betätigen. Das war es dann auch schon. Und von den Bäuerinnen, Mägden, Heim- und Fabrikarbeiterinnen wurde erst gar nicht gesprochen, sie schienen kaum existent zu sein. Wer es als Frau in dieser Zeit zu einer Unternehmerin bringen wollte, musste also Eigenschaften aufweisen, die kaum als weibliche Tugenden idealisiert werden konnten: Da ging es um kompromissloses und strategisches Vorgehen, Lust an der Kontrolle und am Profitstreben, und um die Bereitschaft, in der Welt der Waren und Märkte kommunizieren zu wollen.

Neben diesen eher psychischen Faktoren erschwerte in vielen Ländern auch die Gesetzgebung eine Karriere als Geschäftsfrau. So gab das Privatrecht in vielen Ländern, auch in Deutschland, dem Ehemann etwa die Befugnis, die Erwerbstätigkeit der Frau zu untersagen – erst nach dem Ersten Weltkrieg erhielten die verheirateten Frauen neue staatsbürgerliche Rechte. Und bis in die zweite Hälfte des 19. Jahrhunderts hinein durften Bildungsinstitutionen wie Universitäten ausschließlich nur von Männern besucht werden. Erst zwischen 1870 und 1894 führte man in fast ganz Europa das Frauenstudium ein – zuvor hielt man es für sinnvoller, dass die weiblichen Nachkommen sich auf den Höheren-Töchter-Schulen auf ihre Rolle als Mutter und Managerin der Küche vorbereiteten. Lange Zeit war es auch nicht gestattet, dass verheiratete Frauen Eigentum besaßen. Änderungen traten erst ein, als in England 1870 ein entsprechendes Gesetz verabschiedet wurde – eine Auswirkung der

Frauenbewegung. Einzig Witwen und Alleinstehende konnten bis dahin eigenständig Verträge abschließen und Testamente verfassen.

Zu den Frauen, die die nötige Energie aufbrachten, um sich den gesellschaftlichen Vorgaben zu widersetzen, gehört neben der Ingenieurin Kate Gleason die ebenfalls hier porträtierte Amerikanerin Martha Matilda Harper. Rund fünfzig Jahre bevor die Fast-Food-Kette McDonald's ihren internationalen Siegeszug antrat, begründete das ehemalige Dienstmädchen das Franchise-System in den Vereinigten Staaten. Ihren ersten Friseursalon eröffnete sie 1888 in Rochester, New York. Auf dem Höhepunkt ihrer Karriere gab es weltweit fünfhundert Harper Shops, die ihre Haarpflegeprodukte anboten und nach den von ihr entwickelten Methoden und Marketingstrategien geführt wurden. Dabei verkaufte sie die Rechte an ihrem Geschäftskonzept einzig an Frauen – und eröffnete ihnen damit die Möglichkeit, als selbstständige und finanziell unabhängige Geschäftsfrauen ein frei bestimmtes Leben zu führen. Harpers Karriere ist einzigartig und bedient dennoch ein Klischee, das unterstellt, Frauen strebten in der Wirtschaft oft nach einem Win-win-Effekt, während Männer kämpften, um zu siegen. – Mit dieser Aussage wird der Unterschied zwischen den Geschlechtern gerne eindimensional charakterisiert.

Trotz ihrer innovativen Leistungen ist Martha Matilda Harper in Vergessenheit geraten. Ein Schicksal, das sie mit vielen anderen Geschäftsfrauen teilt, so mit der amerikanischen Erfinderin Marion Donovan. Sie entwickelte Anfang der Fünfzigerjahre neuartige Windeln mit Papiereinlagen, die komfortabler und saugfähiger als alle bisherigen Gummihöschen waren. Als sie keine Firma fand, die ihre sogenannten »Boaters« herstellen wollte, übernahm sie eine Zeit lang die Produktion auf eigene Faust, bis sie ihr Patent

für eine Million Dollar verkaufte, um den Erlös in neue Entdeckungen zu investieren – etwa in Papierwindeln. Heute kennt man ihren Namen nicht mehr, die Pampers sind aber allen Müttern ein Begriff.

Frauen mögen keine Kredite

Die Startbedingungen, unter denen die in diesem Buch vorgestellten Frauen ihre Geschäftsideen verwirklichten und zum Erfolg führten, sind sehr unterschiedlich. Einige schufen gleichsam aus dem Nichts ein Millionenunternehmen. Margarete Steiffs Ausgangskapital war eine Nähmaschine, eine Anschaffung, die sie nur mit geliehenem Geld machen konnte. Die Erfinderin der Barbiepuppe, Ruth Handler, pumpte ihre Verwandten an, um gemeinsam mit ihrem Mann ihre erste Firma für Wohnaccessoires aus modernem Plexiglas zu gründen. Helena Rubinstein bekam 250 Pfund von einer Freundin in Australien, um Cremetiegel aus Europa zu ordern. Studien haben ergeben, dass Frauen dazu tendieren, bei einer Existenzgründung mit möglichst wenig Fremdkapital auszukommen. Kein Wunder: Auch die hier dargestellten Frauen konnten größtenteils keine Sicherheiten bieten und hätten dadurch

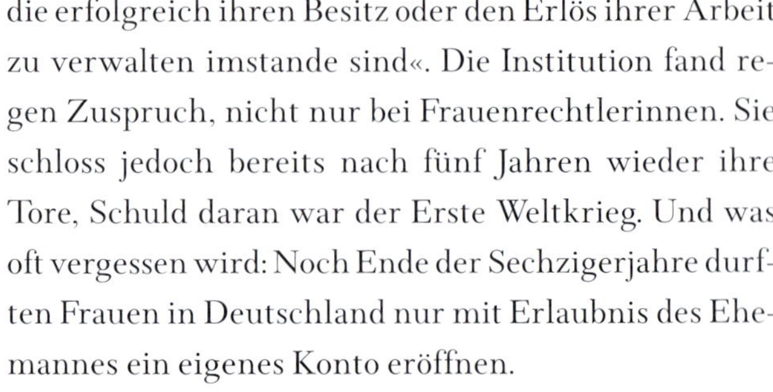

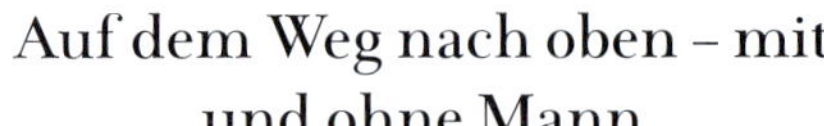

auch keine Aussicht gehabt, von einer Bank einen Kredit zu erhalten. Außerdem war bei Geschäften mit Geldinstituten die Zustimmung des Ehemannes, der Eltern oder des Vormundes nötig. Allein die 1910 in Berlin gegründete Frauenbank machte da eine Ausnahme. Das Kreditinstitut wurde von Frauen geleitet und verwaltet und stand ausschließlich weiblichen Kundinnen zur Verfügung, mit dem Ziel der »Heranbildung geschäftstüchtiger, selbstständiger Frauen,

die erfolgreich ihren Besitz oder den Erlös ihrer Arbeit zu verwalten imstande sind«. Die Institution fand regen Zuspruch, nicht nur bei Frauenrechtlerinnen. Sie schloss jedoch bereits nach fünf Jahren wieder ihre Tore, Schuld daran war der Erste Weltkrieg. Und was oft vergessen wird: Noch Ende der Sechzigerjahre durften Frauen in Deutschland nur mit Erlaubnis des Ehemannes ein eigenes Konto eröffnen.

Auf dem Weg nach oben – mit und ohne Mann

Vor allem in der Vergangenheit haben es Männer gerne gesehen, wenn ihre Frauen zu Hause blieben, statt im Erwerbsleben mitzumischen. Die Erfinderin der Tupperpartys, Brownie Wise, musste in den Fünfzigerjahren oft ausführlichste Überzeugungsarbeit bei den Ehemännern leisten, um eloquente und adrette Tupper-Girls für den Verkauf der bunten Frischhaltedosen zu rekrutieren. Aber Männer, sei es in Form von Beratern, Ehemännern oder Liebhabern, haben sich nicht nur als Hindernisse auf dem Weg nach oben herausgestellt. Im Gegenteil: Die Finnin Aino Marsio Aalto trat mit einer Firma für Interiordesign und den Vertrieb von Möbeln aus dem Schatten ihres Ehemanns, des berühmten Architekten Alvar Aalto, mit dem sie zahlreiche Projekte gemeinsam realisierte. Die quirlige Maria Bogner verwandelte das gediegene Skigeschäft ihres Ehemannes Willy Bogner mit ihren Anoraks und Keilhosen in ein international agierendes Unternehmen für Wintermode. Helena Rubinstein profitierte vom journalistischen Talent ihres ersten Mannes, der für ihr Kosmetikimperium Werbeslogans und Broschüren verfasste. 1911 eröffnete Coco Chanel dank der finanziellen Unterstützung ihres wohlhabenden Geliebten Arthur Capel ihr erstes Modegeschäft in Paris, in der

Rue Chambon Nr. 21. Charlotte Perriands väterlicher
Ehemann finanzierte der jungen Designerin die kost-
spieligen Teilnahmen an den Pariser Leistungsschauen
für Möbel und Inneneinrichtung. Selbst Großverlege-
rin Aenne Burda konnte der notorischen Untreue ihres
Mannes etwas Positives abgewinnen: »Hätte ich einen
Mann gehabt, der mich so geliebt hätte, wie ich ihn zu
Beginn geliebt habe, nie hätte ich *Burda Moden* gemacht. Ich wäre in der Familie glücklich gewesen.«

Kritisch wurde es erst, wenn die Ehemänner die
Firmen ihrer Frauen übernahmen. Der über zwanzig
Jahre jüngere Lebenspartner von Martha Matilda
Harper hielt sich nicht an das bis dahin konservative,
aber erfolgreiche Beautykonzept seiner Frau, das auf
»Schönheit durch Gesundheit« gründete. Er führte –
zum Nachteil des Unternehmens – Haarfärbungen und
Dauerwellen in das Programm der Harper Shops ein.
Und auch die Schöpferin des berühmten Londo-
ner Wachsfigurenkabinetts, Madame Tussaud, machte
schlechte Erfahrungen, als sie ihrem Mann die zwei
Pariser Dependancen überließ. Aber im umgekehrten
Fall, wenn Frauen das unternehmerische Erbe ihrer
Ehemänner weiterführen, kann es zu positiven Bilanzen kommen. Dazu drei Beispiele: Barbe-Nicole
Clicquot-Ponsardin übernahm mit achtundzwanzig
Jahren den Weinhandel ihres 1805 an einem Fieber ver-
storben Mannes und erzielte vor allem mit Champagner große Verkaufserfolge in Russland, wo der »Klikovskoje« zum beliebtesten Getränk der Aristokratie
wurde. Nach einer Trauerzeit vollbrachten auch Anna
Maria Sacher und Katharine Graham große Leistungen,
die eine als Hotelerbin, die andere als Verlegerin der
Washington Post. Mit Sicherheit brachte man diesen
Frauen Vorurteile entgegen, setzten sie sich doch
scheinbar in ein gemachtes Nest. Doch sie bewiesen
Familienmitgliedern, der Belegschaft, den Konkurrenten und nicht zuletzt sich selbst, dass sie die Intelligenz, Willenskraft und Ausdauer besaßen, als Geschäftsfrauen zu reüssieren.

Das Geschäftsfrauen-Gen

Kaum eine der porträtierten Frauen hatte ein bestimmtes Vorbild, an dem sie sich bei ihrer Karriereplanung orientierte. Oft waren die familiären Verhältnisse
prägend. Einigen wurde bereits von selbstständig ar-
beitenden Eltern Eigeninitiative, Disziplin und Ent-

scheidungsfreude vorgelebt, wobei sie schon als Schulmädchen die Grundlagen betriebswirtschaftlichen Denkens lernten. Andere scheinen mit Unternehmerinnenblut in den Adern auf die Welt gekommen zu sein, so Coco Chanel oder Aenne Burda. Beide stammten aus einfachen Verhältnissen und waren sich schon früh bewusst, »etwas Besseres« in ihrem Leben zu wollen.

Für alle erwähnten Geschäftsfrauen stellte sich früher oder später die Frage nach dem Fortbestand ihrer Firmen. Die meisten regelten ihre Nachfolge rechtzeitig, darunter Margarete Steiff, die ihre Firma in eine Gesellschaft umwandelte und ihre Neffen beteiligte. Barbe-Nicole Clicquot-Ponsardin vertraute die Weinhandlung dagegen ihrem langjährigen Verkaufsleiter an. Im Idealfall übernahmen die Kinder das Erbe. Ihrer Nachwelt hinterließen die Unternehmerinnen nützliche, unterhaltsame und luxuriöse Produkte, die oft noch heute unser Leben bereichern. Unternehmen wie Chanel, Prada oder Estée Lauder erwirtschaften heute Umsätze im Milliardenbereich und garantieren Tausenden von Mitarbeiterinnen und Mitarbeitern ihren Arbeitsplatz. Andere Unternehmen wie Bogner oder Steiff sind noch immer in Familienbesitz, wo die Philosophie der Firmengründer wesentlicher Bestandteil des eigenen Selbstverständnisses ist. Die Firma Veuve Clicquot Ponsardin möchte an den Mut ihrer Gründerin erinnern, indem sie jährlich den sogenannten »Business Woman Award« vergibt. Damit werden in mittlerweile 16 Ländern Frauen mit außergewöhnlichen Geschäftsideen oder außergewöhnliche Geschäftsfrauen ausgezeichnet. Erwähnenswert ist auch, dass 2001 Cécile Bonnefond Vorstandsvorsitzende (CEO) von Veuve Clicqout wurde. In einem Interview antwortet sie auf die Frage, ob sie als Frau jemals an die »gläserne Decke« gestoßen sei: »Natürlich, aber ich habe sie zerbrochen. Ich rate allen jungen Frauen: Seid

eindeutig, wisst, was ihr wollt, bleibt konsequent. Man kann nicht alles haben. Nur sehr selten hat man Geld und Zeit gleichzeitig. Entspannt euch, alles hat seinen Preis, und man muss dafür bereit sein. Sucht euch aber vor allem einen guten Chef, der euch unterstützt.«

Die Strategie bei der Geschäfts- und Karriereplanung ist wichtig, so wichtig, dass einige der Geschäftsfrauen ihre Erfolgsrezepte aufzeichneten. Brownie Wise entwickelte präzise Regeln für den Ablauf einer erfolgreichen Verkaufsveranstaltung, Martha Matilda Harper versorgte ihre Konzessionsnehmerinnen mit einem Handbuch für das Kosmetikbusiness, und Ruth Handler und Katharine Graham verfassten ausführliche Autobiografien, in denen sie ihre Karrieren beschrieben, mit vielen Beobachtungen zu den Unterschieden zwischen Geschäftfrauen und -männern. Helena Rubinstein soll dagegen das Geheimnis ihres Erfolgs mit einem einzigen Satz auf den Punkt gebracht haben: *»You have to be ›klug‹.«*
Claudia Lanfranconi

»Wenn du einen Pelzmantel möchtest, einen Anbau realisieren willst,
ein neues Auto brauchst ... dann ist der nächste Schritt, vierzig Stunden
auf deinem Stundenplan einzutragen und durchzustarten.«

Brownie Wise

Gegen jeden Widerstand

Marie
TUSSAUD 1761–1850

Wachsfigurenkabinette unter dem Markennamen »Madame Tussauds« findet man heute weltweit, von London und New York über Berlin bis Shanghai. Die Gründerin des globalen Vergnügungsunternehmens, die 1761 in Straßburg geborene Marie Grosholtz, tourte mit ihrer kleinen Kollektion von selbst gefertigten Wachsfiguren durch England, Schottland und Irland, bevor sie sich 1835 in London niederließ. In einer Zeit, in der es noch keine Fotografie gab, boten die verblüffend lebensnah gestalteten Figuren von Regenten, Mätressen, französischen Revolutionsführern und Verbrechern einem breiten Publikum einen hautnahen Blick auf wichtige Personen der Weltgeschichte.

Schon im 19. Jahrhundert war das Wachsfigurenkabinett von Madame Tussaud in London eine Sensation. Von morgens zehn Uhr bis in die späten Abendstunden hinein suchten die Bürger der britischen Hauptstadt, aber auch viele Reisende diesen Ort auf, um die kunstvoll aus Wachs gefertigten Doppelgänger von Königen und Königinnen, Politikern oder berühmt-berüchtigten Kriminellen zu bestaunen. »Tausende strömen durch ihre Räume«, so ein zeitgenössischer Beobachter, »Prinzen, Kaufleute, Priester, Gelehrte, Bauern, Schuljungen und Babys in einem einzigen Gedränge.« Damals konnte man sich nirgendwo anders ein derart lebendiges Bild von der Physiognomie der Personen machen, die die Geschicke der Welt bestimmt hatten oder noch immer bestimmten. Denn auch die wenigen Zeitungen, in denen sie Schlagzeilen machten, druckten in den seltensten Fällen Illustrationen von ihnen ab.

1835 hatte Marie Tussaud die großzügigen Räumlichkeiten im ersten Geschoss einer ehemaligen Kaserne in der Baker Street angemietet, um ihre Sammlung in einem repräsentativen Rahmen zu zeigen. An der Kasse saß die Schöpferin der Figuren höchstpersönlich, nahm das Eintrittsgeld entgegen und verkaufte kleine Broschüren, in denen sich die Besucher über die Biografien der ausgestellten Doubles in Wachs informieren konnten. Tussaud war stolz auf den pädagogischen Charakter ihrer Ausstellung, in der sie neben den königlichen Häuptern den Aufstieg und Fall Napoleons dokumentierte, aber auch eine ägyptische Mumie präsentierte. Aktualität verlieh sie dem Ganzen, indem sie in ihrem Konzept prominente Personen der Gegenwart integrierte. »Heutzutage kann niemand als wahrhaft populär gelten, wenn er nicht in der Gesellschaft von Madame Tussauds Berühmtheiten in der Baker Street aufgenommen wird. Man muss sein Ebenbild bei Madame Tussauds stehen haben, um zum Leitbild der Massen zu werden«, beschrieb die englische Zeitschrift *Punch* 1849 den Kultstatus, den das Wachsfigurenkabinett zu diesem Zeitpunkt erlangt hatte.

Madame Tussaud war zwar nicht die Erste, die in London Wachsfiguren ausstellte. Mrs Salomon unterhielt eine Galerie in der Fleet Street, und außerdem gab es Mrs Bullocks »Beautiful Cabinet of Wax Figures«. Doch Tussauds Plastiken waren wesentlich qualitätvoller als die ihrer Konkurrentinnen gestaltet. Die aus Frankreich zugezogene Museumsgründerin hatte eine besondere Gabe dafür, den jeweils typischen Gesichtsausdruck eines Menschen nachzubilden. Frappierend lebensecht wirkten ihre Gestalten außerdem durch

eine kunstvolle Bemalung, durch das Verarbeiten von echten Haaren und Zähnen sowie historischen Kleidern und Accessoires. Sie ordnete die Wachspendants vielfach in Gruppen an und setzte sie mithilfe von Fackeln und Kerzen ins rechte Licht.

Ihr Handwerk hatte Marie von dem Schweizer Philippe Curtius gelernt. Seit sie zwei Jahre alt war, führte ihre Mutter Anna Grosholtz den Haushalt des begabten Wachsmodelleurs – der Vater war im Siebenjährigen Krieg noch vor der Geburt seiner Tochter gefallen. Curtius fertigte in Bern vor allem anatomische Modelle und Organe an, die viele neugierige Besucher anzogen. Darunter war auch Louis François de Bourbon-Conti, ein Cousin Ludwigs XV. Der Prinz bot Curtius seine Protektion an, wenn er bereit wäre, nach Paris zu ziehen, um dort sein Talent zu demonstrieren. Anna Grosholtz und ihre Tochter Marie folgten Curtius in die französische Hauptstadt, wo dieser gleich

zwei Wachsfigurenkabinette eröffnete, die beide bald florierten. Besonders großes Aufsehen erregten die Tableaus der königlichen Familie. So zeigte Curtius Nachbildungen Ludwigs XVI. und dessen Familie, die um eine festlich gedeckte Tafel gruppiert waren. Zugleich stellte er aber auch Philosophen wie Jean-Jacques Rousseau und Voltaire aus, Politiker wie Benjamin Franklin und den Finanzminister Jacques Necker. Als Kassenschlager entpuppten sich jedoch Verbrechergestalten, die Curtius in blaues Licht tauchte und ihnen damit eine gespenstische Aura verlieh. Und um den Voyeurismus der Massen noch mehr anzustacheln, lancierte er das Gerücht, er habe die Wachsmodelle direkt nach der Hinrichtung gefertigt. Wie andere Pioniere der Unterhaltungsbranche setzte er auf die Faszination des Makabren. Besonders zahlungskräftigen Besuchern offenbarte er in einem Hinterzimmer kleine Wachsfiguren in erotischen Posen. Zeitgenossen munkelten, dass er mit dem Verkauf der lasziven Figuren mehr Geld machte als mit den Kabinetten.

Marie lernte von Curtius Marketing und Publicity, an erster Stelle aber das Modellieren von Wachsfiguren. Die Grundlage für die Wachsfigur bildete ein Tonporträt, von dem eine Gipsform abgenommen wurde, in die anschließend das flüssige Wachs eingegossen werden konnte. Anschließend lernte Marie, wie man Zähne, Glasaugen und Haare einzusetzen hatte.

Welchen Anteil Curtius' Schülerin am Erfolg seiner Wachsfigurenkabinette hatte, ist schwer zu sagen.

Als gesichert gilt, dass Marie die Abgüsse von Voltaire, Rousseau, Franklin und Mirabeau vorgenommen hat, die noch heute in London zu sehen sind. Und mit großer Wahrscheinlichkeit war sie auch an der Fertigung der im Palais Royale ausgestellten Königsfamilie beteiligt. Ludwig XVI. war angeblich so begeistert von der künstlerischen Qualität seines Ebenbilds, dass er Marie 1780 als Kunstlehrerin nach Versailles holte.

Die junge Frau, die vom Schafott gefallene Köpfe in Wachs nachmodellierte

In ihren Lebenserinnerungen »Memoirs and Reminiscences of France« berichtet sie detailliert über ihre Zeit am Hof des französischen Königs, beschreibt Tagesabläufe, Feste, Kleider und zahlreiche Gelegenheiten, in denen sie das Königspaar näher kennenlernte. Die Forschung ist sich jedoch einig, dass es Marie Tussaud vor allem darum ging, nachträglich ihre Sympathie für das Königshaus zu untermauern und sich als Opfer der Revolution darzustellen. In den Jahren des Aufruhrs hatte Marie dennoch nachweisbar zahlreiche Porträts von Anhängern der Revolution angefertigt, die im Haus ihres Lehrers Curtius ein- und ausgingen. Die ehemals harmlosen Etablissements dokumentierten dann mit den Abgüssen hingerichteter Revolutionäre auch den politischen Umbruch Frankreichs. Und Marie wurde im Bewusstsein vieler Menschen zu jener jungen Frau, die vom Schafott gefallene Köpfe in Wachs nachmodellierte.

Als Curtius 1794 starb, erbte sie nicht nur seine Salons, sondern auch einen hohen Schuldenberg. Mittlerweile hatten im vergnügungssüchtigen Paris Wachsfiguren die Faszination des Neuen eingebüßt – und die Geschäfte liefen dementsprechend schlecht. Durch die Hochzeit mit dem um einige Jahre jüngeren Ingenieur

François Tussaud im Jahr 1795 konnte sie ihre finanzielle Situation auch nicht verbessern. Im Gegenteil – François brachte kein Vermögen in die Ehe ein und hatte zudem die Spielsucht seines Großvaters geerbt. Erst nach der Geburt der beiden Söhne, Joseph (1798) und François jr. (1800), eröffneten sich der Geschäftsfrau neue Perspektiven. Ein ehemaliger Partner ihres verstorbenen Lehrermeisters Curtius berichtete ihr euphorisch von den Publikumserfolgen, die er mit seinen mechanischen und optischen Kuriositäten in London feierte. Enttäuscht von der Ehe, beschloss Marie, ihr Glück in Großbritannien zu versuchen. 1803 bestieg Madame Tussaud mit ihrem Sohn Joseph, der damals vier Jahre alt war, ein Schiff nach England – im Gepäck vierundvierzig meist lebensgroße Wachs-

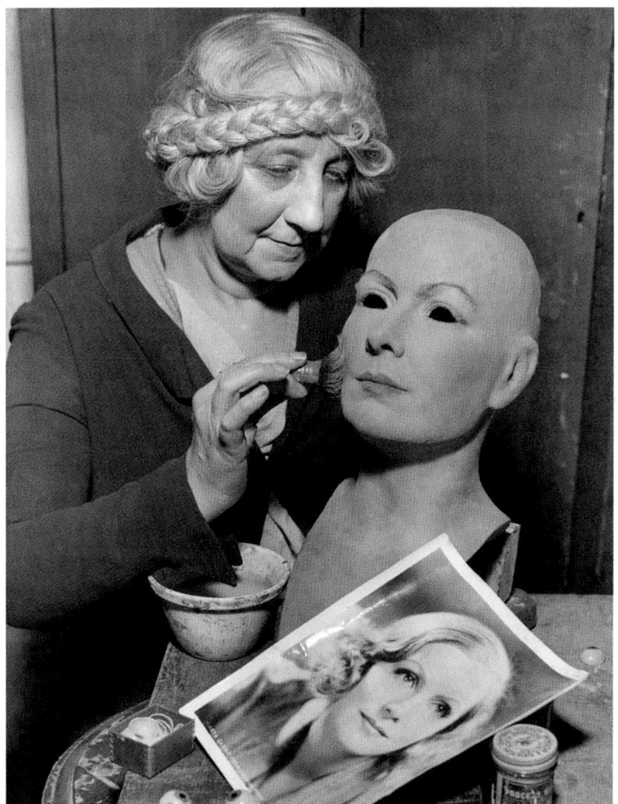

figuren, darunter Mitglieder der französischen Königsfamilie, Napoleon und seine Frau Joséphine, aber eben auch Franklin, Voltaire, Rousseau und Robespierre.

Das Londoner Publikum reagierte enthusiastisch auf die Nachbildungen, die Tussaud im Foyer des Lyceum Theatre zeigte. Daneben bot Marie Tussaud ihre Dienste auch zahlungskräftigen Privatkunden an. Den ersten Auftrag erhielt sie von der Herzogin von York, für die sie ein schlafendes Kind modellieren sollte. Ver-

mutlich wäre sie mit einer gut gefüllten Kasse bald wieder nach Paris zu ihrem jüngsten Sohn François und ihrer Mutter zurückgekehrt, wenn ihr Ehemann sich nicht als völlig geschäftsuntüchtig erwiesen hätte. In ihrer Abwesenheit hatte er die beiden Pariser Etablissements gänzlich heruntergewirtschaftet. Die einzige Möglichkeit, ihre Finanzen aufzubessern, sah sie darin, auf der Insel zu bleiben.

Die nächsten dreißig Jahre tourte Marie Tussaud durch England, Irland und Schottland – und kehrte nie wieder nach Frankreich zurück. Der Transport der in Kisten verpackten Figuren war aufwendig und kostspielig, und mit jeder Reise setzte man die Exponate unberechenbaren Risiken aus. Doch die hohen Einnahmen, die sie gerade in kleinen Städten erzielte, bestärkten sie in ihrem Entschluss, weiter als fahrende Schaustellerin Karriere zu machen. Das Ausstellungskonzept übernahm sie aus den erfolgreichen Pariser Jahren. Marie modellierte die jeweils aktuellen Protagonisten königlicher Skandale und Affären, zu ihnen stellte sie Persönlichkeiten wie Lord Horatio Nelson, den Herzog von Wellington oder den weniger bekannten Erfinder eines Allheilmittels, Dr. Solomon aus Liverpool. Meist mietete sie öffentliche Versammlungsräume für ihre Figuren an. Diese boten genug Platz, um sie im Schein von Kerzen und Gaslampen effektvoll zu arrangieren. Einhellig wurden in der Presse ihre Inszenierungen gepriesen: »Die Figuren scheinen im Lichte der Gaslampen zu leben, zu atmen und eine Seele zu haben«, urteilte beispielsweise der *Manchester Courier*, »und obwohl sie sich nicht bewegen, erscheint die Stille und Starrheit gebrochen durch die Bewegungen der Betrachter – zwischen diesen und den leblosen Figuren kann man kaum unterscheiden.«

Als sich Madame Tussaud mit ihrem Wachsfigurenkabinett endgültig in der Baker Street in London

niederließ, hatte sich die Geschäftsidee mithilfe ihrer beiden Söhne – François jr. war 1822 nach England gekommen – in ein veritables Familienunternehmen gewandelt.

Sie selbst gönnte sich keinen Luxus

Marie unternahm beträchtliche Anstrengungen, um ihrem Museum die nötige Aufmerksamkeit zu verschaffen. So wurden die angemieteten Räumlichkeiten der einstigen Kaserne mit Stuckaturen, Draperien und Vergoldungen ausgestattet. Die ausgestellte Figur der plötzlich verstorbenen französischen Opernsängerin Maria Malibran zog 1836 über Monate Menschenmassen in das Kabinett – und führte zu einer Verdoppelung der Einnahmen. Eine perfekte Voraussetzung für einen dauerhaften Publikumszuspruch. Charles Dickens sorgte für zusätzlichen Ruhm, denn er gehörte zu den zahlreichen Besuchern des Kabinetts, und in seinem Roman »Der Raritätenladen« beschreibt er die Wachskünstlerin Mrs Jarley, die unverkennbar von Madame Tussaud inspiriert ist.

Selbst mit zunehmendem Alter wurde Madame Tussaud nicht müde, ihr Ausstellungskonzept immer wieder neu zu überdenken, um ihre Gewinne zu maximieren. Ihre Verdienste investierte sie, um die Präsentation zu perfektionieren. Für den Napoleon-Raum erwarb sie Relikte aus der Schlacht von Waterloo, darunter die Kutsche, mit der Bonaparte zum

Schlachtfeld gefahren war. Und für den damals stolzen Preis von 16 000 Pfund erstand sie die Krönungsgewänder Georges VI. Sie selbst gönnte sich keinen Luxus.

1850, ein Jahr vor der Weltausstellung in London, die dem Kabinett Besucherrekorde bescheren sollte, starb Madame Tussaud. 1884 beschlossen ihre Enkel, die Ausstellung in die Marylebone Road zu verlegen. Trotz zahlreicher Katastrophen – etwa einen durch Kurzschluss entfachten Brand im Jahr 1925 oder die deutschen Luftangriffe auf London 1940 – sind viele Exponate aus dem 18. Jahrhundert erhalten geblieben. Und diese behaupten sich ohne Schwierigkeiten gegen die wächserne Konkurrenz aus dem 21. Jahrhundert, bestehend aus Models, Spitzensportlern und Hollywoodstars.

Claudia Lanfranconi

Margarete
STEIFF

1847–1909

Die Erfolgsgeschichte von Margarete Steiff klingt fast märchenhaft unwahrscheinlich: Mit einer Näh-maschine als Startkapital schuf die schwäbische Unternehmerin, die seit ihrem zweiten Lebensjahr an den Rollstuhl gefesselt war, eine international agierende Spielzeugwarenfirma, die zu Hochzeiten rund eine Million Teddybären nach Amerika exportierte und die noch heute – rund hundert Jahre nach ihrem Tod – kuschelige Kultobjekte für Kinder und Erwachsene auf der ganzen Welt produziert. »Für unsere Kinder ist das Beste gerade gut genug!«, lautete das Motto der Firmenchefin. Über die Qualität der Steiff-Produkte wachen heute Margarete Steiffs Nachkommen, die in der Gesellschafterversammlung des Kon-zerns vertreten sind.

B evor es zur Gründung der Filz-Spielwaren-
Fabrik kommen konnte, musste die 1847 in
Giengen an der Brenz (im Osten Baden-
Württembergs) geborene Tochter eines Bauwerk-
meisters erst einmal gesundheitliche Hürden überwinden. Mit eineinhalb Jahren war Margarete
Steiff an der zu dieser Zeit noch unerforschten
Kinderlähmung erkrankt. Nach einem schweren Fieber blieben ihre Beine gelähmt, und ihren
rechten Arm konnte sie nur noch eingeschränkt bewegen. Damit kam für sie in Zukunft eine Heirat, die ihre
wirtschaftliche Versorgung gesichert hätte, nicht infrage. Als Behinderte hatte sie in der zweiten Hälfte des
19. Jahrhunderts eigentlich kaum eine Perspektive auf
ein selbstbestimmtes Leben. Sie würde immer auf die
Hilfe anderer Menschen angewiesen sein. Doch statt
mit dem Schicksal zu hadern, kämpfte sie schon als
junges Mädchen für eine normale Schulbildung und
ein unbeschwertes Kinderleben.

In ihren Tagebuchaufzeichnungen berichtet sie,
dass sie frühmorgens in einen Leiterwagen gepackt
und vor dem Elternhaus in der Ledergasse abgestellt
werden wollte, um mit ihren Geschwistern Marie, Pauline und Friedrich und den Nachbarskindern »spielen«
zu können. »Alle Hausgenossen bettelte ich an: Tragt
mich auf die Gasse, auch wenn ich manchmal fast
erfror«, erinnerte sie sich. Und selbst der Schulbe-
such wurde Margarete Steiff dank hilfsbereiter Mit-
menschen ermöglicht. Ihre beiden älteren Schwestern
fuhren sie im Rollstuhl zur Schule, und eine kräftige
Frau, die neben der Schule wohnte, trug Margarete
zum Unterricht in den ersten Stock. Immer wieder
wurde sie renommierten Ärzten zur Untersuchung

vorgestellt, doch die Kuren in warmen
Bädern und die Operationen hatten keinen Erfolg. »Es
war ein langes Suchen nach Heilung«, resümierte sie
in ihren Aufzeichnungen die Bemühungen der Medi-
ziner, »bis ich mir selbst sagte, Gott hat es so für mich
bestimmt.«

Margarete Steiff blieb eingeschränkt bewegungs-
fähig, aber sie besuchte trotzdem, wie ihre älteren
Schwestern, an den Nachmittagen eine Nähschule und
machte einen Abschluss als Schneiderin.

Der erste Schritt auf dem Weg zur eigenständigen
Unternehmerin war ein Schneideratelier, das sie gemeinsam mit ihren Schwestern im Hause ihres Vaters
betrieb und nach der Heirat von Pauline 1870 und Marie 1873 zielstrebig alleine weiterführte. Ihr größtes
Kapital war eine Nähmaschine. Sie war in Giengen die
Erste, die über einen modernen Nähapparat verfügte.
Da Margarete das Schwungrad mit der rechten Hand
aber nicht drehen konnte, entschied sie wie gewohnt
pragmatisch: »Dann näh ich eben andersrum.« Sie fertigte Tisch- und Bettwäsche für die Aussteuer, Frauen-
unterröcke und mit Vorliebe Kinderkleider zur großen
Zufriedenheit ihres sich stetig erweiternden Kunden-
stamms. 1874 konnte sie nach Umbauarbeiten in ihrem
Elternhaus in der Ledergasse eine neue Werkstatt und
eine separate Wohnung beziehen, die genau auf ihre
Bedürfnisse zugeschnitten waren.

Margarete Steiff war nun finanziell unabhängig und trotz der schweren Behinderung zu einer selbstbestimmten Frau geworden. Der Mann ihrer Cousine Marie, Adolf Glatz, der eine führende Position in der Württembergischen Wollfilzmanufaktur bekleidete, erkannte jedoch, dass noch mehr unternehmerisches Potenzial in seiner zielstrebigen und kommunikationsfreudigen Verwandten steckte, und schlug ihr vor, ein Filzkonfektionsgeschäft zu eröffnen und ihr beim Aufbau neuer geschäftlicher Kontakte, die über ihre etablierten privaten Kunden hinausreichten, behilflich zu sein. Feiner Filz eignete sich mittlerweile wunderbar zur Herstellung von Kleidern und dekorativen Haushaltsaccessoires wie Kissenhüllen und Bettwandtaschen. Risikofreudig stürzte sich Margarete Steiff auf ihr neues Projekt. Für die Firma Ch. Siegle in Stuttgart fertigte sie Unterröcke aus Filz an, und bereits in den ersten beiden Jahren konnte sie mehrere Angestellte beschäftigen, um die Aufträge zu bewältigen.

Die Wandlung von der kleinen Filzmanufaktur zur Spielwarenfabrik vollzog sich aus Zufall, nicht aus Kalkül. In der Zeitschrift *Modenwelt*, in der sich Margarete Steiff pflichtbewusst über neue Trends und den Zeitgeschmack in der Mode informierte, hatte sie 1879 das Schnittmuster und die Nähanleitung für einen Stoffelefanten entdeckt. Statt aus rauer Baumwolle fertigte sie ihr Modell aus Filz an und füllte es mit weicher Scherwolle. Das Tier war als Geschenk für ihre zahlreichen Nichten und Neffen gedacht. Doch schon 1880 wurden die ersten Exemplare des »Elefäntle« an interessierte Freunde und Bekannte veräußert. Das weiche Rüsseltier mit der dekorativen Satteldecke aus buntem Filz füllte eine Marktlücke. Bis dahin bestand das vorgefertigte Kinderspielzeug meist aus harten Materialien wie Holz, Metall oder Porzellan. Der Elefant aus

In den Jahren 1903 und 1904 wurden in Giengen neue Produktionsstätten auf einer Fläche von 7000 Quadratmetern eröffnet.

Filz wurde von den Kindern geliebt, weil er zum Kuscheln einlud. Im Katalog des Filzgeschäfts wurden die Spieltiere bereits 1883 auf der letzten Seite als »kein neueres und beliebteres Kinderspielzeug auf dem Markte« beworben – mit Erfolg: Rund hundert Stück verkaufte Margarete Steiff noch im selben Jahr. 1884 verdreifachte sich das Ergebnis, 1885 waren es bereits sechshundert Exemplare, und ein Jahr später stieg die Zahl der abgesetzten Elefanten sprunghaft auf 5066 an.

Sie neigte dazu, sämtliche Aufgaben in eigener Regie zu erledigen

Bis 1890 erweiterte sie ihr Angebot durch einen Affen, eine Giraffe, ein Kamel und Haustiere wie Esel, Pferd und Schwein, die es auch mit einem fahrbaren Untergestell auf vier Rädern gab. Ein Grund für das besonders rege Interesse an den exotischen Tieren waren die in der zweiten Hälfte des 19. Jahrhunderts in vielen deutschen Städten entstandenen zoologischen Gärten, wo fremde Arten vorgestellt wurden, die Forscher und Abenteurer auf ihren Reisen in ferne Länder entdeckt und eingefangen hatten.

Die schwäbische Geschäftsfrau neigte dazu, sämtliche Aufgaben in eigener Regie zu erledigen. »Über allem waltete der Geist von Margarete Steiff, die nicht müde wurde, den immer zahlreicher eingestellten Arbeiterinnen persönlich Unterweisung zu geben und das Werden ihrer Erzeugnisse zu überwachen« – so wird ihr Arbeitseinsatz in einer Festschrift des Unternehmens aus dem Jahr 1930 beschrieben. Einen großen Beitrag zum Aufstieg des jungen Betriebs leistete jedoch auch ihr jüngerer Bruder Friedrich, der 1887 den Baubetrieb des Vaters übernommen hatte. Auf den Wochenmärkten der Umgebung verkaufte er in wenigen Tagen die Produktion von Wochen, und da das elter-

liche Haus nicht mehr genug Platz für die expandierende Firma Steiff mit vier festen Angestellten und doppelt so vielen Heimarbeiterinnen bot, projektierte er für seine Schwester ab 1890 ein Wohn- und Geschäftshaus mit Schaufenstern in der Mühlstraße. 1892 wurden bereits 256 Steiff-Spielzeugartikel auf 22 illustrierten Katalogseiten angeboten. Ein Jahr später ließ Margarete Steiff die Firma als Filz-Spielwaren-Fabrik in das Handelsregister eintragen. Zugleich stellte sie einen Reisevertreter ein, der für die Erweiterung des Absatzgebiets sorgen sollte.

Von Anfang an hatte sie auf höchste Qualität bei der Produktion der Spieltiere gesetzt, die »auf Naturähnlichkeit« und »auf möglichste Unverwüstlichkeit« berechnet waren – und konnte sich mit diesem Konzept erfolgreich gegen die in der zweiten Jahrhunderthälfte wachsende Zahl der Konkurrenten der in Deutschland boomenden Spielzeugbranche behaupten. Zum internationalen Marktführer wurde Steiff um 1900 jedoch erst, als die Söhne und Töchter ihres Bruders Friedrich, also ihre Neffen und Nichten, die schon als Kinder in ihrer Nähstube gespielt hatten, Schlüsselpositionen in der Firma übernahmen. Fast alle hatten eine hervorragende Ausbildung erhalten. Paul, der auf die Kunstgewerbeschule in Stuttgart gegangen war,

chanismus, der die Tiere Purzelbäume schlagen ließ, sowie den riesigen Flugdrachen »Roloplan«. Zudem beschäftigte er sich mit Brummstimmen, die bereits in den Anfangsjahren in den Tieren installiert wurden. 1901 erschien der Steiff-Katalog mit fast fünfhundert verschiedenen Spieltieren auf Deutsch, Englisch und Französisch.

Entscheidend für die Zukunft des Unternehmens wurde der von Richard 1902 entwickelte bewegliche Plüschbär mit der Artikelbezeichnung »Bär 55 PB«. Margarete Steiff, die sich das Zepter von der nachfolgenden Generation nicht aus der Hand nehmen ließ und jedes Detail überwachte, war nicht besonders begeistert von dem plumpen Prototyp, der im Handel stolze acht Mark kosten sollte. In den USA avancierte »55 PB« jedoch schon ein Jahr später zum Bestseller. Da der amtierende Präsident Theodore Roosevelt ein leidenschaftlicher Bärenjäger war, wurde er als »Teddy«-Bär zum nationalen Symbol. Auch für den Fall der daraufhin rapide ansteigenden Nachfrage nach »Teddy« hatte Richard vorgesorgt. 1903 und 1904 wurden zwei neue Produktionsstätten in Giengen errichtet, die über 7000 Quadratmeter Arbeitsfläche boten. Die von ihm entworfenen Eisen-Glas-Konstruktionen nehmen in ihrer funktionalen Schlichtheit die Meilensteine der modernen deutschen Industriearchitektur von Walter Gropius und Peter Behrens vorweg.

Ihr Vorbild an Tatkraft und Disziplin war das beste Motivationstraining für die fast vierhundert Angestellten

Margarete Steiff, die alle Pläne des Neffen nach gründlicher Prüfung genehmigte, bestand ihrerseits auf der Anbringung einer Rampe, die ihr mit dem Rollstuhl einen bequemen Zugang zu den Gebäuden ermöglichte.

kümmerte sich um die Optimierung der serienmäßigen Herstellung der Spielwaren und reiste 1898 nach Amerika, um dort den Markt zu sondieren. Franz, der das Handwerk des Webers gelernt hatte, war für den Einkauf der Stoffe zuständig und schuf die Voraussetzungen für die europaweite Expansion der Fabrik, indem er Musterlager in London (1899), Florenz (1900), Amsterdam (1901), Lissabon und Wien einrichtete. Otto arbeitete ab 1902 in der kaufmännischen Geschäftsführung. Die Nichte Lina betätigte sich von 1898 bis zur ihrer Heirat 1905 als Leiterin der Nähabteilung, ihre Schwester kontrollierte die Filialen, bei denen die zahlreichen Heimarbeiterinnen ihre Produkte ablieferten.

Zum wichtigsten Mitarbeiter von Margarete Steiff wurde jedoch Neffe Richard, der 1897 als Erster begonnen hatte, im Geschäft der Tante zu agieren. Auf der Messe in Leipzig, wo Steiff im selben Jahr erstmalig mit einem eigenen Messestand vertreten war, knüpfte er die ersten internationalen Kontakte. In der Folgezeit entwarf der begabte Erfinder Figuren mit beweglichen Gliedmaßen, sogenannte Charakterpuppen, einen Me-

Bis zum ihrem Tod 1909 hatte sie ihren Stammplatz im zweiten Stock und leistete durch ihr eigenes Vorbild an Tatkraft und Disziplin tagtäglich das beste Motivationstraining für ihre jetzt fast vierhundert meist weiblichen Angestellten.

Mit ungebremstem Elan traf die bald Sechzigjährige noch in ihren letzten Lebensjahren für die Zukunft der Firma bedeutende Entscheidungen: Um die Steiff-Spielwaren von den Plagiaten und billigen Nachahmungen der Konkurrenz abzusetzen, sollte ab 1904 jedes Tier mit einem Metallknopf im linken Ohr gekennzeichnet werden – das Markenzeichen hat sich leicht modifiziert bis heute gehalten. Zwei Jahre später folgte die Gründung der Margarete Steiff GmbH, in der die Seniorchefin und ihre drei Neffen Richard, Paul und Franz als Geschäftsführer agierten. Damit garantierte sie im Fall ihres Todes den übergangslosen Fortbestand ihres Lebenswerks. 1907, das mit fast einer Million produzierter Teddys als »Bärenjahr« in die Geschichte des Unternehmens einging, durfte Margarete Steiff noch erleben. Zwar fiel Amerika aufgrund der dort herrschenden Wirtschaftskrise als Abnehmer aus, doch da man inzwischen in ganz Europa, von Portugal bis Schweden, Handelsbeziehungen aufgebaut hatte, konnte die Ware dennoch verkauft werden.

Müßiggang kam für die 1909 verstorbene Firmenchefin, die zu den großen weiblichen Industrieführern zählt, trotz des erlangten Wohlstands bis zu ihrem letzten Tag nicht infrage. Besonders großes Vergnügen

bereitete es aber der technikbegeisterten Dame im Rollstuhl, sich von ihren Neffen im Motorrad-Beiwagen durch die schwäbische Provinz kutschieren zu lassen.

Das Unternehmen Steiff ist bis heute in Familienbesitz. Das Erbe der Firmengründerin wird durch zahlreiche museale Institutionen gepflegt. Ihr Geburtshaus in Giengen ist zu besichtigen, und im Jahr 2005 wurde das Erlebnismuseum Steiff eröffnet, in dem traditionelle Fertigungsmethoden der Stofftiere vorgeführt werden. Höchste Preise werden von Bärenliebhabern, den sogenannten Arktophilen, für Steiff-Teddys auf Auktionen erzielt – berühmtes Beispiel ist »Teddy-Girl« aus der Bärensammlung des Briten Bob Henderson. Das Bärenmädchen wurde 1994 für heute umgerechnet rund 130 000 Euro an ein Teddybär-Museum in Japan verkauft.

Claudia Lanfranconi

Brownie
WISE
1913–1992

Wer kennt sie nicht, die praktische Tupperdose! Sie ist geradezu ein Synonym für alle poppig bunten Plastikbehälter mit Vakuumverschluss, in denen Lebensmittel und Speisen länger frisch bleiben. Sie ist nicht billig, aber praktisch und nahezu unzerstörbar. Doch während jeder den Namen ihres Erfinders – Earl Silas Tupper – kennt, ist die Frau, die sein Unternehmen erst bekannt machte, fast vollständig in Vergessenheit geraten. Dabei war Brownie Wise ein Geschäftsgenie. Begeistert von dem innovativen Produkt aus Polyethylen, steckte sie Anfang der Fünfzigerjahre als Verkaufsleiterin der Firma Tupper all ihre Kreativität und Arbeitskraft in die Vermarktung der Frischhaltedosen und bescherte Earl Silas Tupper durch die Einführung innovativer Marketingstrategien Millionenumsätze.

Die bunten Döschen, die luftdicht verschließbar waren, eroberten nicht nur die USA. Hellblaue Plastikkännchen für Dosenmilch wurden auch in anderen Ländern zum Schlager.

Durch reinen Zufall war die 1913 geborene Brownie Wise, die zusammen mit ihrem Sohn Jerry und ihrer Mutter in der General-Motors-Stadt Detroit wohnte, an die Plastikdosen geraten, die Ende der Vierzigerjahre in amerikanischen Lifestyle-Magazinen wie *House Beautiful* als »kleine Kunstwerke für 39 Cent« beworben wurden. Um ihr Gehalt als Sekretärin bei der Flugzeugkonstruktionsfirma Bendix aufzubessern, hatte die alleinerziehende Mutter einen Nebenjob als Verkäuferin von Haushaltswaren für Stanley Home Products angenommen. Die Vorzüge von Mops, Tüchern und Reinigungsmitteln wurden den Kunden in ihrem eigenen Zuhause vorgeführt. Diese neue Strategie des Direktverkaufs hatte sich Firmengründer Frank Stanley ausgedacht. Und es zeigte sich, dass Brownie Wise, die ihre meist weibliche Klientel abends und an den Wochenenden besuchte, ungewöhnlich überzeugend wirkte. Ihre Verkaufszahlen waren so brillant, dass sie in kurzer Zeit dazu berufen wurde, den Verkäuferinnenkader ihrer Region zu schulen und zu koordinieren. In einem regelmäßigen von ihr persönlich verfassten Newsletter an ihre Mitarbeiterinnen, dem sie den Titel *Go Getter* gab, formulierte sie die goldenen Regeln für ein erfolgreiches Homeshopping: »Sei warmherzig, freundlich, ehrlich und fleißig, lächle von Herzen, sei ein enthusiastischer Zuhörer und sorge immer dafür, dass sich Dein Gegenüber wichtig fühlt.«

Brownie Wise hatte keinen Ehemann, der sie lieber zu Hause am Herd gesehen hätte. Drei Jahre nach der Geburt ihres Sohnes hatte sie sich von ihrem alkoholkranken Mann getrennt und sorgte von da an selbst für den Lebensunterhalt ihrer Familie. Bei Stanley verdiente sie in kurzer Zeit so gut, dass sie ihre Stelle als Sekretärin aufgeben konnte. Doch die Euphorie für ihren neuen Job wurde jäh gebremst, als sie auf einer Mo-tivationsveranstaltung in der Firmenzentrale erkannte, dass in der von ihr angestrebten Führungsriege kein Platz für eine Frau vorgesehen war. 95 Prozent der berufstätigen Amerikanerinnen arbeiteten 1950 zu niedrigen Gehältern im Einzelhandel oder im Gesundheits- und Erziehungswesen. Managerpositionen wurden von Männern besetzt – auch bei Stanley Home Products. Wise war ernüchtert.

In dieser Situation machte sie ihr Kollege Garry McDonald auf die Tupperbehälter aus Plastik und deren Potenzial für die bewährte Homeshopping-Strategie aufmerksam. In einer Zeit, in der ein Kühlschrank noch nicht zu einer regulären Küchenausstattung gehörte, waren die Frischhaltedosen eine Sensation auf dem Haushaltswarenmarkt. Kurz entschlossen sattelte sie auf den Verkauf der bunten Tupperware um und strich die Stanley-Produkte aus ihrem Programm. Die Dosen waren prädestiniert für eine Demonstration im häuslichen Umfeld. Brownie Wise erklärte den konsumorientierten Hausfrauen den Sicherheitsverschluss – die Luft musste beim Verschließen mit einem lauten Seufzer entweichen. Dann schleuderte sie Schlüsseln und Behälter auf den Boden, um ihre Kundinnen von der Unzerbrechlichkeit zu überzeugen. Die Damen, die ihr Haus zur Verfügung stellten und ihr Netzwerk für die Einladung von Freundinnen und Bekannten nutzten, bekamen Prozente auf den Umsatz, der bei den sogenannten Tupperpartys gemacht wurde.

Ein weiteres Ziel der geselligen Veranstaltungen war es aber auch, neue Verkäuferinnen zu gewinnen. Brownie Wise wusste, wie sie selbst konservative Frauen ködern konnte: »Wenn du einen Pelzmantel möchtest, einen Anbau realisieren willst, ein neues Auto brauchst … dann ist der nächste Schritt, vierzig Stunden auf deinem Stundenplan einzutragen und durchzustarten.« 1949 koordinierte sie bereits neunzehn Verkäufer und Verkäuferinnen und mietete ein Lagerhaus an, da sie im Verlauf des Jahres Tupperware für 150 000 Dollar von der Firmenzentrale in Farnumsville, Massachusetts, bezogen hatte.

Der Erfinder der »Wonderlier Bowls«, der Chemiker und Unternehmer Earl Silas Tupper, staunte über die hohen Umsätze der Di-rektverkäufer in Detroit und Umgebung, denn in den Regalen der großen städtischen Warenhäuser blieben seine schönen Dosen liegen. Zwar konnte er sich über einige Großaufträge von Firmen wie Canada Ginger Dry und Camel freuen, die 300 000 Zigarettenbehälter aus Plastik orderten, doch selbst ein Showroom auf der Fifth Avenue in New York und der Versand von illustrierten Katalogen führten nicht zu einer Steigerung der Verkäufe an private Kunden. Angesichts der so erfolgreich agierenden selbstständigen Verkäufer aus der Autostadt setzte Tupper sich nun zum Ziel, diese an seine Firma zu binden. Brownie Wise machte er den Vorschlag, in Florida exklusiv als Zwischenhändlerin für Tupper aufzutreten. Mit damals rund drei Millionen Einwohnern versprach dieser Bundesstaat, ein lukratives Geschäft zu werden. Ihr elfjähriger Sohn Jerry war begeistert von der Aussicht, in den Schönwetterstaat zu ziehen. Also organisierte Wise gemeinsam mit ihrer Schwiegermutter Rose den Umzug und überzeugte sogar einige ihrer besten Verkäufer, zu ihrer Unterstützung mitzugehen.

Die Tupper-Girls waren bisweilen so erfolgreich, dass die Ehemänner ihre Jobs an den Nagel hängen konnten

In Fort Lauderdale knüpfte Brownie Wise nahtlos an die Erfolge des vergangenen Jahres an. Für Neulinge in diesem Business verfasste sie ein Handbuch, in dem sie das Wesen der Tupperveranstaltungen auf den Punkt brachte: »Eine gute Vorführung soll unterhaltsam und informativ sein und zum Verkauf der nützlichen Produkte führen. Der gesellige Charakter der Party zielt darauf ab, die Hemmschwelle der potenziellen Käuferinnen zu senken und ein Konkurrenzverhalten beim Kauf zu schüren.« Ein Pro-

blem musste jedoch ihrer Meinung nach schleunigst vonseiten der Unternehmensleitung gelöst werden: Die stetig wachsende Zahl der Händler, die neue Verkäufer rekrutierten und ausbildeten, boten die Waren zu unterschiedlichen Konditionen und Preisen an. Um die Konkurrenz unter den Distribuenten zu minimieren, mussten die Preise und Rabatte vereinheitlicht, die Territorien festgelegt, die Regeln für eine Demonstration standardisiert und die Lieferungen der Dosen von der Firmenzentrale organisiert und koordiniert werden. Earl Silas Tupper gründete als Schaltstelle die Tupper Hostess Division, die die Ware exklusiv an Vertragspartner veräußerte.

Brownie Wise verwandelte nicht nur Hunderte von biederen Hausfrauen in adrette Tupper-Girls in Highheels, die bisweilen so erfolgreich waren, dass die Ehemänner ihre Jobs an den Nagel hängen konnten. Sie vertrieb mehr Plastikdosen als irgendjemand in Amerika. Mit den Waren und ihrem Transport nach Florida war sie jedoch nicht zufrieden. Die Schiffslieferungen verzögerten sich um Monate, die Starter-Sets für neue Mitarbeiter hatte man vergessen, und wochenlang wartete sie auf neues Briefpapier mit dem Logo der Tupper Hostess Division. Als ihre Beschwerden beim Salesmanager Norman Squires nicht fruchteten, ließ sie sich direkt zu Earl Silas Tupper durchstellen, um ihn auf die Missstände in seinem Unternehmen anzusprechen. »Es gibt keinen Grund für mich, weiterhin einen guten Job zu machen, wenn meine Belange von Ihrem Unternehmen so vernachlässigt werden«, soll Brownie Wise ins Telefon geschimpft haben.

Tupper reagierte – für einen Mann in seiner Position – überraschend einsichtig auf die heftige Kritik einer freien Mitarbeiterin. Umgehend wurde ein Meeting der besten Gebietsleiter auf Long Island vereinbart, um eine Lösung der Distributionsprobleme anzugehen. Der Unternehmer ließ sich von den zahlreich angereisten Direktverkäufern davon überzeugen, seine Frischhaltebehälter nur noch über den Party Plan zu vertreiben und die Waren aus dem Einzelhandel zu nehmen. Das Ergebnis war 1951 die Gründung der Tupperware Home Partys Division, kurz THP genannt, und Earl Silas Tupper berief Verkaufsstar Brownie Wise zur neuen Verkaufsmanagerin und Vizepräsidentin des Vertriebs.

Brownie Wise und Tupperware-Erfinder Earl Silas Tupper.

Der eher öffentlichkeitsscheue Firmenchef hätte keine bessere Wahl treffen können. Wise war kommunikationsfreudig, kreativ, und sie identifizierte sich zu hundert Prozent mit seinen Produkten. Reiste sie in ihrem neuen Amt durch die amerikanischen Bundesstaaten, pflegte sie stets einen kleinen Klumpen der unscheinbaren Rohmasse Polyethylen mitzunehmen, um den Verkäufern der praktischen Dosen vor Augen zu führen, »welche Macht die menschliche Erfindungsgabe haben kann«.

Durch die Einführung neuer Marketingstrategien gelang es ihr, die Umsätze der Tupperware Corporation über alle Erwartungen hinaus in die Höhe zu treiben. Ihr Erfolgsrezept basierte auf einem ausgeklügelten System von Leistungsprämien, die auf die Bedürfnisse der weiblichen Verkäufer und Manager zugeschnitten waren – und diese machten 90 Prozent aus. Besonders effektive Tupper-Ladys bedachte die Firma mit luxuriösen Geschenken. Außerdem wurden die glücklich Prämierten in dem von Wise ins Leben gerufenen Firmen-Newsletter *Tupper Sparks* mit einem Porträtfoto vorgestellt, um den Ehrgeiz und Arbeitseifer der weniger gewinnbringenden Außendienstler zu schüren.

Zu den Höhepunkten im Leben einer Tupperware-Verkäuferin gehörten dann auch die feierlichen Jahrestreffen, die Brownie Wise in der neu errichteten, rund 40 000 Quadratmeter großen Firmenzentrale

in Kissimmee bei Orlando unter Palmen ausrichtete. Zahlreiche Konferenzen, Referate und Filmvorführungen sorgten für die professionelle Weiterbildung der auf eigene Kosten nach Florida angereisten Handelsvertreterinnen, Managerinnen und Vertriebsleiterinnen. Denn ein Leitspruch von Wise lautete: »*If we build the people, they will build the business.*« (»Wenn wir die Leute aufbauen, werden sie das Geschäft aufbauen.«) Besonders fieberten sie alle jedoch auf die minutiös geplante Vergabe von Preisen und Prämien für herausragende Leistungen.

Im Amerika der Fünfzigerjahre avancierte Tupperware-Verkäuferin zum Modeberuf

Auf dem Jubiläumstreffen von 1954 schickte Brownie Wise ihre Tupper-Ladys in Cowboykostümen auf einen großen Acker, in dem sie mit Spaten bewaffnet über fünf Stunden lang bis zur totalen Erschöpfung und unter dem Jubel ihrer Ehemänner und Kinder nach Schätzen wie goldenen Uhren oder Gutscheinen für Nerzmäntel, Diamantringe, Ledertaschen oder einem Cadillac gruben. Ein Jahr später wurde die Firmenzentrale in eine Westernstadt verwandelt, in der die Ladys mit einem Bonusetat von je 1500 Dollar einkaufen durften. Das Jahrestreffen 1956 stand dagegen unter dem Motto »Treasurama«. Im Vorfeld hatten alle Managerinnen und Verkäuferinnen die Frage beantworten sollen, was sie sich wünschen würden, wenn man Träume kaufen könnte. In Aussicht gestellt wurde, dass die Firma sieben der eingesendeten Wünsche in Erfüllung gehen lassen würde. Die spektakuläre Bekanntgabe der Gewinner wurde in Florida sogar live im Radio übertragen. So durfte beispielsweise Top-Außendienstmitarbeiterin Mabel Best zu ihrem als Marinesoldat in Tokio stationierten Sohn fliegen, und für Doris Stewart und ihre Familie sollte es nach Disneyland gehen. Kein Wunder also, dass in den Fünfzigerjahren in Amerika Tupperware-Verkäuferin zum Modeberuf avancierte.

Brownie Wise, die es mit Ehrgeiz und Arbeitseinsatz von der einfachen Verkäuferin zur Salesmanagerin eines Millionenunternehmens gebracht hatte, diente den Frauen als Vorbild und Identifikationsfigur. Intern hatte man sich 1954 darauf geeinigt, sie bewusst in den Medien als Frau, die hinter der Firma stand, zu propagieren. So erschien in dem amerikanischen Wirtschaftmagazin *Business Week* ein sieben Seiten langer Artikel über das Phänomen des Tupper Homeshoppings, in dem sie als weibliche Vertreterin des Kapitalismus gefeiert wurde. Und in der *Houston Post* lobte ein Kolumnist, »dass Brownie Wise mehr als jeder andere lebende Mensch dazu beigetragen habe, Frauen zu wirtschaftlichem Erfolg zu führen«. Zeitungen und Magazine porträtierten sie einhellig als Superfrau mit einem Zwölf- bis Zwanzigstundentag, die im Jahr 150 000 Meilen durch Amerika reise und dennoch Zeit finde, mit ihrem Teenagersohn zu fischen oder im Park ihres Besitzes einen Ausritt zu unternehmen.

Firmenchef Earl Silas Tupper, dem Erfinder der seufzenden Dosen, wurde hingegen kaum eine Zeile gewidmet. Einzig wurde berichtet, er habe Brownie Wise das Regiment überlassen, und sie habe Tupper zu einem Synonym für das Wort »Küchenbehälter« gemacht.

Dass der Chemiker sich in seiner Ehre gekränkt fühlte, damit hatte Wise niemals gerechnet. Doch als 1957 die Verkaufszahlen stagnierten und die Zahl der Tupper-Verkäuferinnen leicht sank, fasste der Firmenchef den Entschluss, sich von seinem Aushängeschild zu trennen. Brownie Wise war ihm zu mächtig geworden. Tupper missfiel, dass sie die Aufmerksamkeit der Medien auf ihre Persönlichkeit lenkte, auf ihren luxu-

riösen Lebensstil, auf ihr mit exquisiten Möbeln und Kunstwerken ausgestattetes Anwesen Water's Edge und auf das von ihr verfasste Buch »Best Wishes«, anstatt den Fokus auf das mittlerweile über einhundert verschiedene Behälter umfassende Sortiment der Firma zu richten.

Anfang des Jahres 1958 entließ Tupper seine beste Mitarbeiterin und speiste sie mit einer Abfindung von 35 000 Dollar ab. Sein Unternehmen verkaufte er kurze Zeit später für 16 Millionen Dollar, er selbst zog sich auf die Bahamas zurück. Auf diese schmerzhafte Weise lernte Brownie Wise die Schattenseite des Kapitalismus kennen. Entmutigen ließ sie sich – nach jahrelangen Prozessen auf eine gerechte Abfindung – nicht davon, sondern stürzte sich in die Vermarktung einer Kosmetiklinie und in das boomende Immobiliengeschäft von Florida. 1992 starb sie, von der Öffentlichkeit hatte sie sich in den letzten Jahren zurückgezogen.
Claudia Lanfranconi

Ruth
HANDLER 1916–2002

Ihr Potenzial als Geschäftsfrau zeigte sich bei Ruth Handler schon als Schülerin. Sie half lieber im Drug-store ihrer älteren Schwester aus, als mit anderen Kindern zu spielen. Und nach der Heirat mit dem Indus-triedesigner Elliot Handler vermarktete Ruth dessen avantgardistische Dekorationsobjekte. Gemeinsam mit einem Freund gründete das Ehepaar 1945 die Firma Mattel, die mit Puppenmöbeln innerhalb von we-nigen Jahren zum Marktführer in der amerikanischen Spielzeugbranche avancierte. 1958 entdeckte Ruth Handler die erste Puppe mit einem Frauenkörper, Lilli, in einem Schaufenster in der Schweiz. Sie war im Auftrag der »Bild-Zeitung« in Deutschland entstanden und wurde von der bayerischen Spielwarenfirma Hausser produziert. 1959 ließ Ruth Handler die nach ihrer Tochter Barbara benannte Puppe produzieren. Seither ging Barbie millionenfach über den Ladentisch und gilt als die meistverkaufte Puppe der Welt.

Die erste Barbie eroberte im Streifenbadeanzug die Welt, wobei von Anfang an für eine große Auswahl an Garderobe und Schuhen gesorgt wurde.

Auch wenn Barbie kaum in einem Mädchenzimmer fehlt – unumstritten war die langbeinige Schönheit mit einer Vorliebe für Rosatöne und Glamour nie. Sie sei eine Ausgeburt des Rassismus und des Sexismus, sie verderbe Millionen von kleinen Mädchen, sie mache labil und psychisch krank, so wetterten die feministisch gesinnten Gegnerinnen dieser Puppe ab den Siebzigerjahren. Und schon in ihrer Planungsphase Anfang der Fünfzigerjahre reagierten Berater und Angestellte der Spielzeugfirma Mattel skeptisch auf die Idee, eine Puppe mit dem Körper einer ausgewachsenen Frau auf den Markt zu bringen. »Sie befürchteten, dass keine Mutter ihrer Tochter eine Puppe mit Busen kaufen würde«, resümierte Ruth Handler 1994 die Ressentiments ihrer meist männlichen Kollegen in ihrer Autobiografie »Dream Doll«.

Dabei hatte die 1916 in Denver geborene Tochter jüdischer Immigranten aus Polen schon immer ein untrügliches Gespür fürs Geschäft – ohne je eine betriebswirtschaftliche Ausbildung absolviert zu haben. Als jüngstes von zehn Kindern wuchs sie bei ihrer ältesten Schwester Sarah auf, die gemeinsam mit ihrem Mann eine Art Gemischtwarenladen mit Getränkeshop betrieb. Ruth Moscowicz half ihrer Schwester nach der Schule im Drugstore, später arbeitete sie ambitioniert in der Anwaltskanzlei ihres Bruders mit. Und mit neunzehn bekam Ruth die Zusage für einen der begehrten Sekretärinnenjobs bei Paramount Pictures in Hollywood. Ihr Talent als Unternehmerin zeigte sich Ende der Dreißigerjahre nach ihrer Hoch-

zeit mit ihrer Jugendliebe Elliot Handler. Neben seinem Industriedesignstudium entwarf Elliot in der Garage ihrer gemeinsamen Mietwohnung in Los Angeles Kerzenleuchter, Handspiegel, Aschenbecher und Buchstützen aus Plexiglas, Holz und Metall. Ruth kümmerte sich erfolgreich um die Vermarktung der Prototypen und die Akquisition neuer Aufträge. Die erste Bestellung erhielt die 1939 gegründete Firma Elliot Plastics von einem auf skandinavisches Design spezialisierten Möbelhändler in L.A. Schon nach kurzer Zeit zeichnete sich ab, dass Ruth und Elliot Handler als Duo Karriere machen würden. Drei Jahre später folgte mit Unterstützung des russischen Schmuckhändlers Zachary Zemby die Firma Elzac, bei der sie sich auf die Produktion von extravagantem Modeschmuck aus Plastik spezialisierten. 1945 wechselten Ruth und Elliot nach Unstimmigkeiten mit den Investoren das Metier und machten, obwohl ihr kleines Unternehmen mittlerweile einen Umsatz von zwei Millionen Dollar verbuchen konnte, gemeinsam mit ihrem Freund Harold Matson einen Neuanfang mit Mattel – der Firmenname setzte sich aus den Spitznamen der Gründungsmitglieder Matt und Elliot zusammen. Geplant war anfangs die Herstellung von Kunststoffbilderrahmen. Als Präsident Franklin D. Roosevelt jedoch 1943 die Verwendung von Plastik einschränkte – das Material wurde für militärische Zwecke gebraucht –, mussten die Rahmen kurzerhand aus Holz gefertigt werden. Die potenziellen

Auftraggeber, die Ruth in ihrer Rolle als Salesmanagerin aufgespürt hatte, waren damit glücklicherweise ebenso zufrieden. Im nächsten Jahr erweiterte Mattel das Angebot um Puppenhausmöbel, und trotz hoher Material- und Transportkosten konnte das Ehepaar einen kleinen Gewinn einfahren.

Elliot Handlers enormes Talent als Erfinder von diversen Spielzeugen entfaltete sich nach Kriegsende. Mattels erster Verkaufsschlager war eine kleine Plastikgitarre, die sogenannte »Uke-A-Doodle«, mit der Kinder – so etwas Ähnliches wie – Musik machen konnten. Ruth hatte den für den Bundesstaat Kalifor-

nien verantwortlichen Einkäufer von Butler Brothers, einer Kaufhauskette, von der Gitarre begeistern können, sodass Mattel 1947 mit Aufträgen überschüttet wurde. Ein gravierender Fehler war jedoch, dass das Powerpaar Handler mit der Einführung des Plastikinstruments nicht bis zur New Yorker Spielzeugmesse im Frühjahr gewartet hatte. Statt auf der Messe mit der Innovation aufzutrumpfen, sah sich Ruth Handler mit einer billigen Kopie eines Konkurrenten konfrontiert. Den daraufhin einsetzenden Preiskrieg konnte Mattel letztendlich nur durch klug kalkulierte Kostensenkungen für sich entscheiden. Bis 1957 verkaufte sich »Uke-A-Doodle« rund elf Millionen Mal.

Abgeschreckt von dem nervenaufreibenden Geschäft, verließ Gründungsmitglied Matson 1947 die prosperierende Firma. Ein gravierender Verlust war das nicht, denn als nächster Coup folgte das Plastikklavier »Baby Grand Piano«. Danach arbeitete Mattel mit einem Experten für Musikautomaten zusammen und brachte in den folgenden Jahren eine ganze Serie von innovativen Musikspielzeugen wie den »Chuck Wagon«, der *Oh, Susanna* spielte, und diverse Musikbücher auf den Markt. 1951 zog das Unternehmen, das mittlerweile sechshundert Angestellte beschäftigte, in einen gigantischen Gebäudekomplex in die Nähe des Flughafens von Los Angeles.

Zu einem globalen Giganten wurde Mattel aber erst durch die Einführung von Barbie

In der Regel beschäftigten amerikanische Betriebe in dieser Größenordnung in den Fünfzigerjahren entweder weiße oder schwarze Mitarbeiter. Bei Mattel herrschte dagegen ein ungewöhnlich liberales Arbeitsklima. Weiße, Afroamerikaner, Lateinamerikaner und Asiaten arbeiteten zusammen und nannten sich geschlossen beim Vornamen. Pionierarbeit leisteten die Handlers auch bei den Sicherheitstests für Kinderspielzeuge, die so hervorragend waren, dass sie als Standards für die gesamte amerikanische Spielzeugindustrie übernommen wurden.

Mit Spielzeugwaffen wie dem »Burb Gun« setzte sich der Siegeszug der Handlers fort – unterstützt von einer Studie, die die Unbedenklichkeit von Maschinengewehren und Westernpistolen in den Kinderzimmern deklarierte. Heute würde man das vielleicht anders sehen. Ruth Handlers eigene Kinder ließen sich wider Erwarten nicht von den Innovationen der Eltern beeindrucken. Tochter Barbara missbilligte sogar die Berufstätigkeit ihrer Mutter, und der zweieinhalb Jahre jüngere Bruder Ken hegte eher eine große Leidenschaft für Musik. Ruth Handler schrieb in ihrer Autobiografie: »Ich war viel zu sehr mit meinen eigenen Problemen beschäftigt, um eine gute Mutter, Hausfrau und Unternehmerin zu sein.« Mit Letzterem meinte sie, dass sie viel zu unsensibel auf die Belange ihrer weiblichen Angestellten reagiert hatte.

In den Fünfzigerjahren schafften es nur wenige Frauen an die Spitze großer Firmen. Ruth Handler war in vielen Meetings oft die einzige Frau, und fanden diese in den repräsentativen Räumlichkeiten konservativer Männerclubs statt, erhielt sie keinen Zutritt. Oft mussten ihretwegen Veranstaltungen in andere Lokalitäten verlegt werden.

Zu den größten Marketingerfolgen der Handlers gehörte 1955 der Einstieg in die

Fernsehwerbung. Das Unternehmen investierte rund 500 000 Dollar, um einmal in der Woche als Sponsor der neuen Walt-Disney-Kindersendung »Mickey Mouse Club« mit einem kurzen Werbefilm für Mattel-Produkte in Erscheinung zu treten. Mit diesen TV-Spots, die sich direkt an ihre Zielgruppe richteten, konnte der Spielzeughersteller seinen Umsatz innerhalb von drei Jahren fast verdreifachen. Zu einem globalen Giganten in dieser Branche wurde Mattel aber erst durch die Einführung von Barbie.

Auf die Idee einer Frauenpuppe war Ruth Handler durch die Vorliebe ihrer Tochter Barbara für erwachsen aussehende Anziehpuppen aus Papier und Pappe gekommen, mit denen diese und ihre Freundinnen stundenlang spielten. »Sie benutzten die Puppen, um ihre Träume vom Erwachsensein zu projizieren« – mit diesen Worten warb Ruth Handler für ihr Projekt. Mattels Produktexperten schüttelten jedoch nur den Kopf, als die Firmenchefin eine Blondine mit lackierten Finger- und Fußnägeln, Lidschatten und langen Wimpern vorschlug, mit der sie in den von deutschen Babypuppen dominierten Markt einsteigen wollte. Dabei hatten diese an eine große Sprechpuppe gedacht – also wurde ihr Vorschlag einstimmig abgelehnt. Rund fünf Jahre später startete sie einen weiteren Versuch, ihre Idee durchzusetzen. In der Schweiz hatte sie eine Puppe entdeckt, die ihrer Vision sehr nahekam – die dreißig Zentimeter große Lilli,

benannt nach einer Comicfigur, die seit 1952 in der *Bild-Zeitung* auftrat. Lilli war schick und frech, verdiente ihr eigenes Geld als Sekretärin und plauderte mit ihren Freundinnen über ihre diversen Liebhaber. Ein Beispiel: »Ich könnte ohne alte Glatzköpfe auskommen, aber meine Urlaubskasse nicht.« Die von dem Karikaturisten Reinhard Beuthien gezeichnete Lilli kam so gut an, dass sie ab 1955 als Puppe produziert wurde. Ruth Handler kaufte die Rechte an dieser, und zurück in Los Angeles, überzeugte sie ihren skeptischen Ehemann, es mit einer von Mattel verbesserten Version zu versuchen.

Barbie wurde, um die Kosten möglichst niedrig zu halten, in Japan produziert – was nicht ohne Pannen ablief. So waren die ersten Puppen, die per Schiff an-

kamen, nicht verkäuflich, da die japanischen Arbeiterinnen Barbie mit Mandelaugen versehen hatten. Ein ganzes Team von Hairstylisten hatte sich noch in der Entwicklungsphase Gedanken über Barbies Frisur gemacht. Nicht minder wichtig waren ihre Kleider, die separat zu einem möglichst niedrigen Preis angeboten werden sollten. Mit deren Entwürfe beauftragte Ruth Handler die kalifornische Modedesignerin Charlotte Johnson, die für die erste Barbie über zwanzig verschiedene Outfits kreierte, vom Tennisrock bis zum Abendkleid. Zum Konzept der neuen Spielpuppe gehörte, dass die Mädchen, die sie besaßen, die Wahl haben sollten, in welche Rolle sie mittels ihrer Puppe schlüpfen wollten. Seit ihrer Einführung 1959 kann Barbie als Steinzeitarchäologin, aber auch als Rockstar auftreten; über achtzig Berufe mit entsprechenden Kleidern sind im Angebot. Zwei Jahre später wurde das männliche Pendant Ken geschaffen, benannt nach Handlers Sohn Kenneth. Tausende Mädchen hatten die Firma Mattel mit Bittbriefen überschüttet, Barbie doch einen Freund an die Seite zu geben. In den Sechzigerjahren kamen Barbie-Freundinnen hinzu, etwa Francie, oder die Barbie-Schwester Skipper, aber auch Badewannen, Pferde und andere Barbie-Objekte. Zudem wurden in dieser Zeit neue Produkte wie die Sprechpuppe »Chatty Cathy« und die »Hot Wheels«-Modellautos Verkaufserfolge. Im Jahr 1968 war die Firma mit einem Umsatz von 100 Millionen Dollar der größte Spielzeughersteller weltweit.

In diesen goldenen Jahren wurden aber auch Entscheidungen getroffen, die dazu führten, dass die Handlers ihr Unternehmen in den Siebzigerjahren verloren. Mit dem Gang an die Börse wuchs der Druck, immer höhere Wachstumsraten zu erzielen, um die Aktienhalter an Mattel zu binden. Um nicht allein von der Entwicklung des Spielzeugmarkts abhängig zu sein, beschlossen die Handlers eine Erweiterung ihres Konzerns, so erwarben sie den Themenpark Circus World, die Firma Metaframe, die Accessoires für Tiere herstellte, und das Unternehmen Turco, das auf die Herstellung von Spielplatzgeräten spezialisiert war. Nicht immer erwirtschafteten diese Zukäufe die erhofften schwarzen Zahlen.

Das Management von Mattel beschloss schließlich, Seymour Rosenberg als Finanzdirektor einzustellen, dadurch wurden Einfluss und Kontrollmöglichkeiten der Firmengründer stark eingeschränkt. Das Resultat: 1973 beschuldigte die Securities and Exchange Commission, die in den USA für die Kontrolle des Wertpapierhandels zuständig ist, Mattel, falsche Bilanzen zu veröffentlichen, um nach außen stetiges Wachstum vorzutäuschen. Und obwohl die Handlers stets beteuerten, nichts von der Misswirtschaft der von ihnen eingesetzten Manager und den Unregelmäßigkeiten gewusst zu haben, wurden Ruth Handler sowie vier weitere Manager 1978 wegen Betrugs und Vorlage falscher Bilanzen vor Gericht gestellt. Ruth Handler wurde zu einer Geldstrafe und gemeinnütziger Arbeit verurteilt. Doch sie hatte trotz privater und beruflicher Rückschläge die Kraft, über eine neue Geschäftsidee nachzudenken und diese auch umzusetzen.

Zu dieser Zeit hatten die Handlers ihrer Spielzeugfirma resigniert den Rücken gekehrt. Ruth Hand-

ler fand ein anderes Betätigungsfeld. Bereits 1970 war bei ihr Brustkrebs diagnostiziert worden. Da sie nach der Operation große Schwierigkeiten hatte, eine für sie passende Prothese zu finden, hatte sie die Idee, neue Produkte aus Silikon zu entwickeln, die sich dem weiblichen Körper besser anpassten. Gemeinsam mit Gerald Peyton gründete sie 1976 die Firma Ruthton Co., die Brustprothesen mit dem Namen »Nearly me« auf den Markt brachte.

Ruth Handler starb 2002 im Alter von fünfundachtzig Jahren; trotz ihrer vielen Tätigkeiten als Unternehmerin wird Ruth Handler immer als Erfinderin von Barbie erinnert werden.

Claudia Lanfranconi

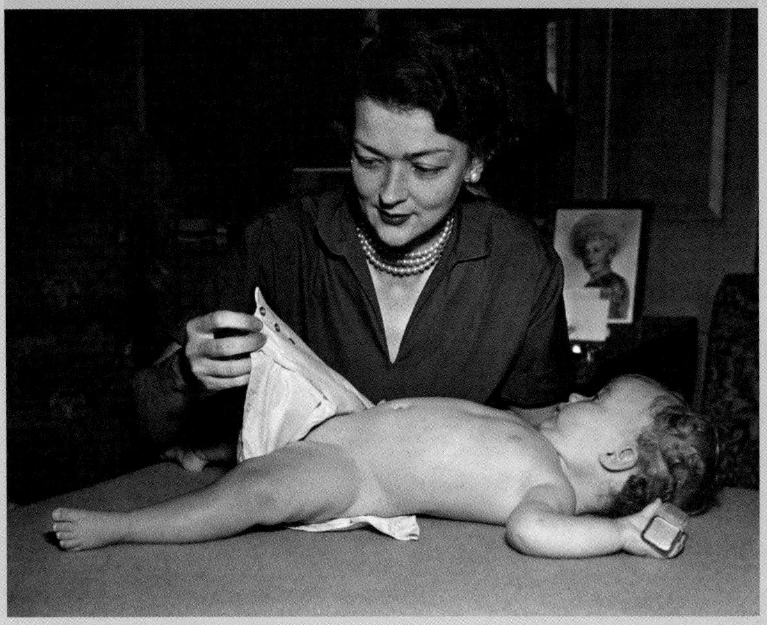

Marion
DONOVAN
1917–1998

Die Amerikanerin Marion Donovan war eine geborene Erfinderin. Sie entwickelte schon als Schülerin einen innovativen Zahnpflegepuder in der Werkstatt ihres Vaters Miles O'Brien, der nicht nur erfolgreich Autogetriebe herstellte, sondern auch zahlreiche Erfindungen tätigte wie eine Drehbank, mit der man Munitionstrommeln fertigen konnte. »Was könnte vielen Menschen nützlich sein und auch mir?«, war die Frage, die sich Marion Donovan oft stellte. Und so entwickelte sie 1946 zur Freude aller amerikanischen Mütter eine Überhose aus Nylon, die Babys über ihren Stoffwindeln tragen sollten, um ein ständiges Auslaufen zu vermeiden. Die Patente für ihren »Boater«, den sie auf eigene Faust herstellen ließ und vertrieb, und für eine Kunststoffhose mit Papiereinlage verkaufte sie 1951 für eine Million Dollar, um mit dem Geld weitere Erfindungen zu finanzieren.

Irgendwann war es Marion Donovan einfach leid. Die Stoffwindeln ihrer Tochter waren ständig durchnässt, das Bettchen feucht, und auf den Arm mochte man ein derart durchweichtes Wesen auch nicht nehmen. Was für ein Kontrast zu ihrem Dasein als frühere Journalistin! Nach ihrem Studium der englischen Literatur am Rosemont College in der Nähe von Philadelphia arbeitete sie 1939 in New York für die Modemagazine *Vogue* und *Harper's Bazaar*. 1942 hatte sie dann den Geschäftsmann James Donovan geheiratet, der erfolgreich mit Lederwaren handelte, und war mit ihm – damals ganz selbstverständlich – nach Westport, Connecticut, gezogen, um eine Familie zu gründen. Nun wurde die attraktive Akademikerin tagein, tagaus mit den profanen Problemen der Kindererziehung konfrontiert.

»Was könnte mir helfen?« – das war eine Frage, die sich Marion Donovan oft stellte. Und so riss die junge Mutter eines Nachmittags den Duschvorhang aus den Ringen, setzte sich an die Nähmaschine und fertigte eine Überhose aus Gummi an, die das Auslaufen der Windeln ein für alle Mal eindämmen sollte. Auf dem Markt gab es bisher nur Modelle, deren Gummizüge in die Beinchen schnitten und Ausschläge verursachten. Sie perfektionierte ihren Prototyp noch mehrmals und nannte ihn schließlich »Boater«, denn »damals«, so Marion Donovan, »erinnerte mich die Form des Höschens einfach an ein Boot«. Statt Gummi verwendete sie dabei atmungsaktiven Nylonstoff, zugleich wurde durch einen Beutel die Flüssigkeit vom Baby ferngehalten, und anstelle der strammen Gummizüge brachte sie Druckknöpfe an, die den Tragekomfort erhöhten.

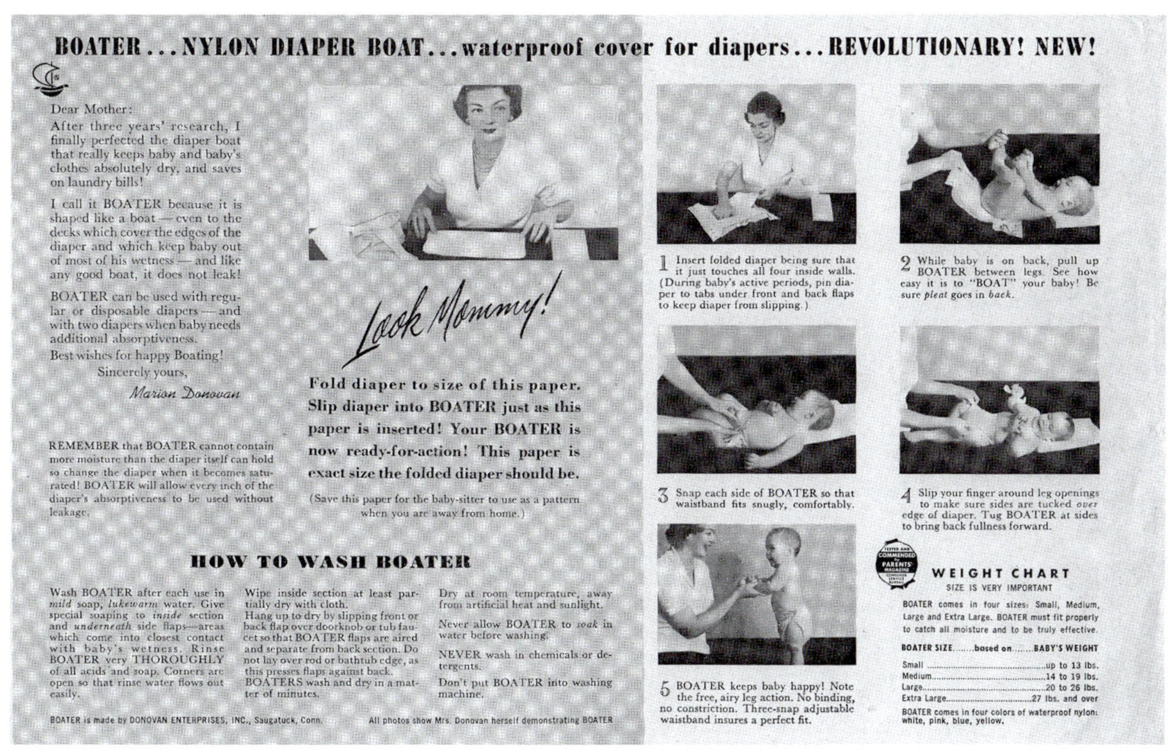

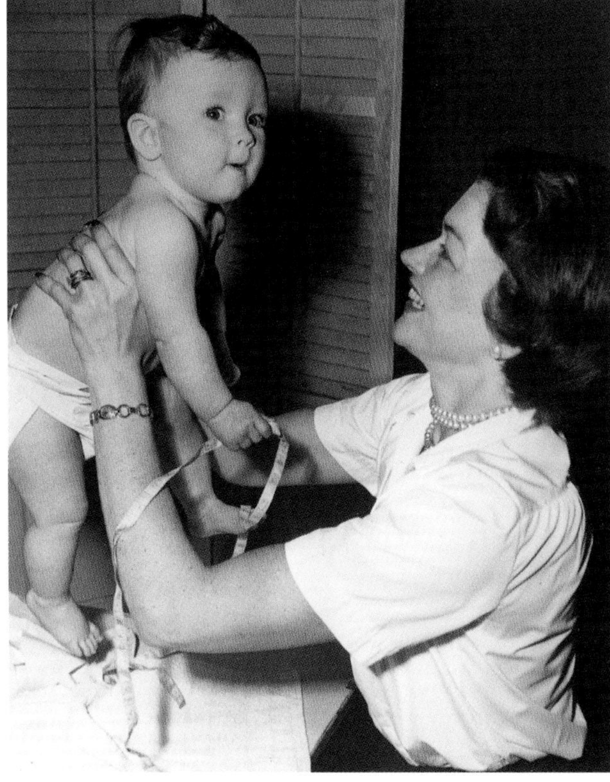

Für deren Herstellung konnte sich jedoch keine Firma entscheiden. »Ich ging zu allen großen Namen, die man sich vorstellen kann, aber sie sagten: Wir wollen den ›Boater‹ nicht. Noch nie hat uns eine Frau nach so etwas gefragt. Sie sind glücklich und kaufen unsere herkömmlichen Produkte. Also übernahm ich die Produktion auf eigene Faust.« Und auch um das Marketing und den Vertrieb kümmerte sich Marion Donovan höchstpersönlich. »Leider konnten wir nicht damit werben«, erinnerte sie sich in einem Interview, »aber der ›Boater‹ verursachte keine Windeldermatitis und wurde sogar von Ärzten empfohlen.« Als ihre hautfreundlichen Überhöschen in den Kaufhäusern angeboten wurden, kamen die Händler kaum nach, um die Regale wieder aufzufüllen. »Im Bereich der Kinderausstattung passiert es nicht oft, dass ein Produkt so erfolgreich ist wie Ihr ›Boater‹«, schrieb Adam Gimbel, der Geschäftsführer von Saks, einem Luxuskaufhaus auf der New Yorker Fifth Avenue, in einem begeisterten Brief an die Erfinderin.

In den Medien wurde Marion Donovan vielfach als »erfinderische Hausfrau« porträtiert. Doch anstatt über ihre weiteren Entdeckungen zu berichten, kolpor-

tierten Zeitungen und Magazine lediglich das Klischee einer Frau ohne Technikverständnis. »Marion Donovan ... versteht nichts von Technik ... sie ist von jedem Mechanismus verblüfft, der komplizierter ist als ein Schneebesen«, urteilte überheblich ein Artikel mit dem Titel »Hausfrauen, die plötzlich reich werden«. Dabei zeugten ihre Kreationen von einem geradezu außergewöhnlichen technischen Verständnis. In ihrem Auto brachte sie ein Diktier- und Abspielgerät an, sodass sie während der Fahrt Französisch lernen oder Briefe für ihre Sekretärin diktieren konnte. Und da zu ihren Zeiten ein Becherhalter noch nicht zur Standardausstattung eines Wagens gehörte, installierte sie einen Kardanring, den sie in einem Geschäft für Bootszubehör erworben hatte.

1951 verkaufte sie ihre Firma Donovan Enterprises und ihre Patente für den »Boater« und Nylonwindeln mit Papiereinlagen an einen Hersteller von Kinderkleidern. Die Keko Corporation zahlte dafür eine Million Dollar. Von den großen Papierfabriken, denen sie danach ihre Prototypen für Wegwerfwindeln aus Papier anbot, wurde sie nur belächelt. Als Erfinder der Pampers ging stattdessen der Chemieingenieur des Industriegiganten Procter & Gamble, Victor Mills, in die Geschichte ein.

Jeder Raum im Haus sah aus wie ein Laboratorium

Zwischen 1951 und 1996 meldete Marion Donovan mehr als zwanzig weitere Patente an, wobei die meisten ihrer schöpferischen Einfälle auf weibliche Bedürfnisse zugeschnitten waren: Sie erfand eine Box für Kosmetiktücher (1953), einen Händehandtuchspender (1957), einen Strumpfhalter (1962), ein Briefpapier mit dazupassenden Umschlägen (1966), einen elastischen Reißverschluss mit dem lustigen Namen »The Zippity-Do« und den »Big Hangup«, einen Rockbügel, der bis zu dreißig Röcke verstaute. »Jeder Raum in unserem Haus sah aus wie ein Laboratorium«, erinnerte sich Donovans Tochter Christine an die Berufstätigkeit ihrer Mutter. »Überall waren Gummibänder, Zellwolle und Strohhalme. Wir Kinder arbeiteten wie am Fließband an der Herstellung von Mutters Prototypen.«

Neben ihren Entdeckungen absolvierte Marion Donovan noch ein Architekturstudium an der Yale University als eine von nur drei Frauen in ihrem Jahrgang. Mit einundvierzig Jahren machte sie 1958 ihren Abschluss. Knapp fünfundzwanzig Jahre später baute sie ihr Haus in Greenwich, Connecticut, nach ihren eigenen Entwürfen. »Ich wollte immer Architektin sein«, sagte sie in einem Interview im Jahr 1994, »denn ich bin fasziniert von Strukturen.«

Als Erfinderin von weiteren zahlreichen innovativen Haushaltsgegenständen war sie in allen Phasen der Produktentwicklung involviert, in das Design, die technische Umsetzung und das Marketing. Oft musste für einen spezifischen Gegenstand erst die entsprechende Maschine konstruiert werden, um ihn herstellen zu können.

Mit ihrem zweiten Ehemann John Butler arbeitete sie an der Entwicklung einer neuartigen Zahnseide. Die beiden reisten sogar nach Deutschland, auf der Suche nach einer geeigneten Technologie für die Fertigung. Und zusammen mit ihrer Tochter Christine vertrieb sie ihr Mundhygieneprodukt »Dentaloop«, und zwar direkt an Hunderte von amerikanischen Zahnärzten und Apothekern. Vermutlich wäre ihre Zahnseide zu

einem Verkaufsschlager geworden. Doch als ihr Ehemann 1998 an den Folgen eines Schlaganfalls starb, fehlte Marion Donovan die Energie, das gemeinsame Projekt fortzuführen. Die einundachtzigjährige Erfinderin und Unternehmerin folgte ihrem Mann vier Monate später. Der Nachwelt hinterließ sie ein Potpourri nützlicher Gegenstände – zum Leidwesen vieler Frauen wird ihr großartiger Kleiderbügel für Röcke, der »Big Hangup«, jedoch nicht in Serie produziert.
Claudia Lanfranconi

Beate
UHSE

1919–2001

Sie gehört zu den wohl populärsten Deutschen, auch wenn man ihren Namen einst nur flüsterte. In einer Zeit der Prüderie und Doppelmoral gründete sie mit fünf Pfund Butter einen Versandhandel für »Ehehygiene« und leistete als »Unternehmerin der Lust« und »Aufklärerin der Nation« einen entscheidenden Beitrag zur sexuellen Revolution im 20. Jahrhundert. Nichts konnte sie aufhalten – weder Ermittlungs- und Strafverfahren mit dem Vorwurf der Unzucht noch persönliche Niederlagen. Durch Zufall war sie zu ihrem mit Passion geführten Geschäft gekommen, und mit Zielstrebigkeit schuf sie einen der weltweit größten Erotikkonzerne.

H och hinaus wollte sie schon immer. Bereits als
Achtjährige plante sie, mithilfe selbst gebauter Flügel aus Putenfedern gleich Ikarus gen
Himmel zu steigen – und fiel ganz unsanft vom Dach
eines Schuppens auf den Kiesweg. Fliegerin wollte sie
dennoch werden, erst recht, als sie von Charles Lindberghs Flug über den Atlantik hörte. Es war das Jahr
1927. Beate Köstlin lebte mit ihren Eltern und den
Geschwistern Ulrich und Elisabeth in dem ostpreußischen Dorf Wargenau, unweit vom Ostseebad Cranz
(heute Selenogradsk). Auf dem Gut, das der Vater zwei
Jahre zuvor erworben hatte, war sie am 25. Oktober 1919
zur Welt gekommen. Otto Köstlin, ein Landwirt, entstammte einer alten württembergischen Familie von
Juristen und Pastoren, die Mutter Margarete Räntsch
wuchs in einem sehr wohlhabenden Berliner Haushalt
auf. Sie war eine der ersten Medizinstudentinnen Preußens und arbeitete auch noch in den ersten Ehejahren
als Kinderärztin. Alle drei Kinder der Köstlins erhielten eine ausgesprochen liberale Erziehung, die
Eltern ließen ihnen weitgehende Freiheiten, boten ihnen aber jederzeit Rat und Unterstützung.

Beate hatte eine glückliche Kindheit. Die Liebe des
Vaters zur Natur, seine Bodenständigkeit und sein Optimismus prägten das Kind ebenso wie die Tüchtigkeit
der Mutter. Sie machte zu Geld, was ihr Mann auf dem
Gut produzierte, kümmerte sich um den Verkauf, die
Buchführung, organisierte den Haushalt, war »auf beängstigende Weise fleißig«. Die Mutter war es auch,
der besonders an einer vernünftigen Ausbildung ihrer
Tochter lag. Sie schickte sie auf die »Schule am Meer«
auf der Nordseeinsel Juist, ein nach reformpädagogischen Prinzipien ausgerichtetes Landschulheim, wo
sie eine liberale Erziehung für ihre Jüngste weiterhin
gewährleistet sah. Naturverbundenheit, Freude an kreativem Gestalten, an Literatur, Theaterspiel, Musik,

Sport und vor allem die Förderung der Persönlichkeit
jedes Einzelnen gehörten zum Unterrichtsprogramm
des Internats. Ähnlich war die Odenwaldschule in Hessen organisiert, in die sie nach zwei Jahren wechselte.
Mit sechzehn beschloss Beate, von dieser abzugehen –
gegen den Willen der Mutter. Aber wozu Abitur, wenn
sie doch nicht studieren würde? Fliegen – das sollte es
sein; der Kindertraum war nicht vergessen. Als Austauschschülerin und Au-pair-Mädchen ging sie für ein
Jahr nach England, um dort die Sprache zu lernen, und
ein halbes Jahr später, im August 1937, absolvierte sie
auf dem Flugplatz Rangsdorf bei Berlin ihre erste Flugstunde – als einzige Frau unter sechzig männlichen
Flugschülern. Für »Maxe«, wie die Kollegen das burschikose Mädchen bald nannten, war das kein Problem,
hatte sie sich den Jungen doch schon immer näher gefühlt als ihren Geschlechtsgenossinnen. Diese schienen
ihr »alberne Wesen zu sein, wehleidig, maulig – und
nicht sportlich genug«.

Bereits im Oktober, zu ihrem achtzehnten Geburtstag, hatte Beate Köstlin den A2-Schein für Motorflieger in der Tasche und nahm danach erfolgreich an nationalen und internationalen Wettkämpfen teil. Mit neunzehn Jahren trat sie dann eine Stelle als »Einfliegerin« fabrikneuer Maschinen an. Sie war am Ziel ihrer Wünsche. Sie liebte ihre Arbeit als Pilotin – und sie liebte nun auch Hans-Jürgen Uhse, ihren zehn Jahre älteren Fluglehrer. Am 10. Oktober 1939 wollten sie heiraten, doch schon wenige Wochen nach Kriegsbeginn, am 28. September, erhielt Uhse den Einberufungsbefehl. Noch am selben Tag wurde in der Mittagspause, zwischen zwei Flügen, aus Fräulein Köstlin Beate Uhse. Zum Hochzeitsmahl gab es Erbsensuppe mit Bier in der Kantine.

Mit der Sportfliegerei war es im Krieg vorbei, Beate Uhse überführte Maschinen für das Militär und wurde 1944 im Rang eines Hauptmanns in die Luftwaffe übernommen. Als Deutsche »habe sie ihre Pflicht für ihr Land getan«, so formulierte sie es später in ihren Erinnerungen »Mit Lust und Liebe«. Wie schon an der Odenwaldschule, wo sie sich wegen der vielen Sportaktivitäten für die nationalsozialistische Jugendorganisa-

tion Bund Deutscher Mädel (BDM) begeisterte, ergriff sie jetzt erfreut die Chance, die Ju 87, einen einmotorigen Tiefdecker, Sturzkampfflugzeuge (Stukas) oder das Jagdflugzeug Messerschmitt Bf 109 zu steuern, an die sie sonst nie herangekommen wäre. »Politik interessierte mich nicht. Mich interessiert die Fliegerei und meine Familie.« Am 30. Mai 1944 verunglückte Hans-Jürgen Uhse tödlich in seiner Maschine und ließ sie und den im Sommer 1943 geborenen Sohn Klaus allein zurück.

Beate Uhse flog weiter, bis zum Ende des Krieges. Am 21. April 1945, die Rote Armee stand vor den Toren Berlins, gelang es ihr unter abenteuerlichen Bedingungen, im letzten Moment ihren kleinen Sohn und das Kindermädchen Hanna auszufliegen. Mit ihrer Staffel kam sie bis Leck in Nordfriesland, geriet dort in britische Gefangenschaft und wurde sechs Wochen später nach Braderup gebracht, nur wenige Kilometer von der dänischen Grenze entfernt.

Sexualität war für sie aufgrund ihrer liberalen Erziehung niemals ein Tabu gewesen

Braderup war wie ganz Schleswig-Holstein voll von Flüchtlingen, die aus Pommern und Ostpreußen gekommen waren. Unterkünfte gab es so gut wie keine, denn auf die dreihundert Einwohner des Dorfes kamen siebenhundert Flüchtlinge. Man wies ihr, Sohn Klaus und Hanna die Schulbücherei zu. Doch wovon sollten die drei existieren? Mit der Fliegerei war es erst einmal vorbei. Und nachdem Beate einmal quer durch Deutschland auf der Suche nach ihren Angehörigen geradelt war – ihren Bruder fand sie in Süddeutschland, ihre Eltern hatten das Kriegsende in Pommern nicht überlebt –, arbeitete sie zunächst für einige Bauern von Braderup. Doch schon bald suchte sie nach einem Ausweg aus diesem armseligen Leben. Nach kleineren Schwarzmarktgeschäften tat sich schließlich per Zufall eine neue Einnahmequelle auf, nicht ahnend, dass dies der Start eines millionenschweren Imperiums sein würde.

In ihrer Umgebung erlebte sie immer wieder die Verzweiflung der Frauen, die ungewollt schwanger wurden. Wie sollten sie in diesen Zeiten der Not, in der sie selbst nicht genug zu essen hatten, es keine Wohnungen gab, die Menschen im Winter an Entkräftung starben, ein Kind durchbringen? Abtreibung stand unter Strafe, aber Verhütungsmittel gab es keine mehr. Wie konnte man eine Schwangerschaft verhindern? Beate Uhse wusste Rat. Sexualität war für sie aufgrund ihrer liberalen Erziehung niemals ein Tabu gewesen, und sie kannte sich aus mit den nach der Knaus-Ogino-Methode errechneten empfängnisfreien Tagen der Frau. Dieses Wissen gab sie nun an die Frauen von Braderup weiter. Bald kam sie auf die Idee, Aufklärung und Verdienst zu koppeln. Sie entwarf einen entsprechenden Text mit dem Titel »Schrift X« und ließ ihn für fünf Pfund Butter in einer Auflage von zweitausend Stück in Flensburg drucken. Mit einer Postwurfsendung, verteilt in den größeren umliegenden Ortschaften Heide und Husum, bot sie die für zwei Reichsmark an. Im Jahr 1947 wurde »Schrift X« immerhin 32 000 Mal angefordert. Erste größere Gewinne nach der Währungsreform im Juni 1948 ließen dann die Erweiterung des Versandgeschäfts mit Aufklärungsbüchern wie »Die vollkommene Ehe«, Präservativen und einem sogenannten »Anregungsmittel« zu.

Inzwischen hatte Beate sich wieder verliebt – in Ernst-Walter »Ewe« Rotermund. Der gut aussehende, sportliche und geschickte Geschäftsmann brachte Kenntnisse im Versandhandel mit – und seine beiden Kinder. Gemeinsam zogen sie zu Rotermunds Tante, einer Pastorenwitwe, in das Pfarramt St. Marien in

Flensburg, und es dauerte nicht lange, da wurde Beate von Ewe schwanger. Im Mai 1949 brachte sie Sohn Ulrich zur Welt – allein, denn Ewe wollte erst einmal in Argentinien sein Glück versuchen. Nach seiner reumütigen Rückkehr wurde im Herbst desselben Jahres aus Beate Uhse Beate Rotermund.

In eineinhalb Zimmern und einem angemieteten Kellerraum wickelte das Ehepaar Rotermund nun die Geschäfte ab: »Morgens fand ich meistens ein Dutzend Aufträge im Schließfach vor. Dann hieß es Präservative und Aufklärungsbücher verpacken, Begleitschreiben verfassen. Mittags verließ ich das Kellerloch. Schnell einkaufen, kochen, essen. Anschließend schob Ewe los und ich blieb bei den Kindern. Er bestellte Ware und brütete über neuen Werbemitteln ... Wenn die Kinder schliefen, legten wir im Kellerloch noch eine Schicht ein. Adressen schreiben, Briefe beantworten.« Aus den Dutzend Aufträgen täglich wurden bald hundert und mehr, und das Sortiment gewann an Vielfalt. 1951 erfolgten die Eintragung des »Versandhauses Beate Uhse« in das Flensburger Handelsregister, die Anmietung von Büroräumen und die Einstellung von Mitarbeitern. Und es kamen die ersten Anklagen mit dem Vorwurf der Unzucht. In den Fünfzigerjahren war der Verkauf von Präservativen an Unverheiratete gesetzlich nicht erlaubt, und Beate Rotermund musste sich in den nächsten Jahrzehnten mit ihren Anwälten immer wieder gegen Ermittlungen der Staatsanwaltschaft, Haus-

durchsuchungen und Publikationsverbote zur Wehr setzen. Sie trat für eine Liberalisierung der Sitten ein, war jedoch weit entfernt von einem sozialen Sendungsbewusstsein, denn, wie sie betonte, sie sei keine Missionarin, sondern Geschäftsfrau. Darin unterschied sie sich von Oswalt Kolle, der sich Ende der Sechzigerjahre mit seinen Aufklärungsfilmen in öffentliche Diskussionen über die kleinbürgerliche Doppelmoral ein-mischte und für eine befreite Sexualität in der Bundesrepublik kämpfte. Dennoch – an der sexuellen Revolution Ende der Sechzigerjahre hatte der diskrete Erotikversandhandel von Beate Uhse einen beträchtlichen Anteil. »Sie hat mehr für den Orgasmus der Frauen getan als ich«, sollte Oswalt Kolle später feststellen.

Im Jahr 1958 betrug ihr Umsatz über drei Millionen Mark, die Zahl der Kunden 600 000. Beate Uhse produzierte nun auch selbst: Sie übernahm einen Verlag, druckte Aufklärungsschriften, erotische Romane, Magazine, erstellte Aktfotografien, richtete eine Dessouswerkstatt ein und begann in den Siebzigern mit einer eigenen Pornofilmproduktion.

Sie führte ihr Unternehmen von Erfolg zu Erfolg

1962 eröffnete sie in Flensburg den ersten Beate-Uhse-Laden, ein »Fachgeschäft für Ehehygiene und Fachbuchhandlung«, den ersten »Sex-Shop der Welt«, wie es in der Presse hieß. Es folgten weitere in Hamburg, Frankfurt am Main, Berlin und schließlich in allen größeren deutschen Städten. Sechs Jahre später konnte sie ihre neue Firmenzentrale in Flensburg einweihen, eine achteckige moderne Bürolandschaft, von den Journalisten kurzerhand auf das »Sex-Eck« reduziert und von den Honoratioren der Stadt in den höchsten Tönen gewürdigt. Beate Uhse, längst größter Arbeitgeber und bester Steuerzahler Flensburgs, war zu ihrem Aushängeschild geworden – noch einige Jahre zuvor hatte der ortsässige Tennisclub ihr die Mitgliedschaft aus »generellen Gründen« verwehrt.

So führte sie ihr Unternehmen von Erfolg zu Erfolg. Angesichts ihrer Zahlen ließ sie sich auch nicht durch die Angriffe von Alice Schwarzer und anderen Feministinnen aus der Ruhe bringen. Der Vorwurf, Pornografie erniedrige die Frau und degradiere sie zu Objekten männlicher Lust, prallte an ihr ab. Nach dem Fall der Mauer steigerte sich nochmals der Umsatz, auf insgesamt 115 Millionen Mark. Zwei Jahre darauf war jeder zweite Stammkunde ein Ostdeutscher.

Ihr Siegeszug auf dem Gebiet von Erotik, Sex und Pornografie erwies sich allerdings nicht als Garant für ein harmonisches Eheleben. Nach den gemeinsamen Gründerjahren, die glücklich waren, begann Ewe schon bald, seine Frau zu betrügen. Beate litt und hielt still, wartete, hoffte auf die Zukunft. Doch dann lernte sie den fünfundzwanzig Jahre jüngeren John Holland kennen, einen farbigen Amerikaner aus New York, und das verzieh Ewe ihr nie. 1972 wurden

die Rotermunds geschieden, nach einer herabwürdi-
genden Schlammschlacht in der Presse, angezettelt
von dem Noch-Ehemann.

Beate Uhse ordnete ihr Leben neu. Sie übergab ihren Söhnen mehr Verantwortung in der Firma, lernte
Fallschirmspringen, spielte Tennis, flog wieder begeistert mit ihrer Cessna. Und sie genoss das Zusam-
mensein mit John. Fast zehn Jahre blieben die beiden ein
Paar; sie schieden als enge Freunde. Beate war da Anfang sechzig und lebte noch immer in einer der ehemaligen Wehrmachtsbaracken am Rüder See, in der Nähe
von Glücksburg. Dort war es so beengt, dass sie hier
einst mit ihrem Exmann und den Kindern draußen in
einem Zelt geschlafen hatte – und das über viele Jahre.
Ewe, der Naturapostel, hatte darauf bestanden. Damit
war es jetzt vorbei. An der Flensburger Förde ließ sie
sich eine moderne Villa bauen, vierhundert Quadratmeter groß, mit einer Squashhalle im Keller. Zur Ruhe
setzte sie sich aber noch lange nicht, auch wenn sie in
den Achtzigerjahren etliche Krankheiten und den
frühen Tod ihres Sohnes Klaus verkraften musste. Doch
mit siebzig hatte sie ihren Optimismus wiedergefun-
den, lernte Tauchen, Golfen, wie einst das Fliegen – ihre
wohl größte Leidenschaft, die sie erst mit sechsund-
siebzig Jahren aufgab.

Ende der Neunzigerjahre zog sich Beate Uhse-
Rotermund nach und nach aus dem Unternehmen zurück, das 1999 an die Börse gegangen war. Heute expor-
tiert das Unternehmen seine Produkte in über sechzig
Länder, dabei werden nicht nur Männer, sondern auch
Frauen angesprochen. Da Beate Uhse das soziale Engagement stets wichtig war, gründete sie eine Stiftung,
die Menschen (und vor allem Frauen) in Not helfen
will. Sicherlich in ihrem Interesse ist gewesen, dass die
Firma 2005 einen Unternehmerinnen-Preis auslobte,
der seither jährlich vergeben wird. Am 16. Juli 2001

verstarb Beate Uhse in der Schweiz, in einer Klinik in
St. Gallen. »Die Größte im Unaussprechlichen« – so
hatte sie einst das Männermagazin *Penthouse* geehrt.
Antonia Meiners

*»Ich las Bücher über Maschinen und
das Ingenieurwesen, seit ich neun Jahre alt war.«*

Kate Gleason

Die ideale Partnerin

Kate
GLEASON 1865–1933

Ein Land der unbegrenzten Möglichkeiten, wie es so schön heißt, war Amerika für Frauen, die Karriere machen wollten, um 1900 nicht gerade. Doch Catherine Anselm Gleason, genannt Kate, verfolgte zielstrebig ihren Werdegang als Ingenieurin und Geschäftsfrau – erst im Betrieb ihres Vaters, dann als eigenständige Unternehmerin. Sie war die erste Frau in den Vereinigten Staaten, die zur Konkursverwalterin einer bankrotten Firma berufen wurde. Binnen weniger Jahre holte sie Ingle Machine Co. aus den roten Zahlen und machte daraus eine prosperierende Produktionsstätte. Ihr hervorragender Ruf als Managerin brachte ihr prompt den Direktorenposten der National Bank in Rochester ein, und ihr darauffolgendes Engagement als Bauunternehmerin von Häusern aus vorgefertigten Betonteilen den lustigen Spitznamen »Concrete Kate« – Beton-Kate.

Das Interesse für Maschinen hatte Kate Gleason von ihrem Vater William übernommen. Mit fünfzehn war dieser 1836 mit seiner Mutter und seinem Bruder aus Irland nach Amerika gekommen. Erst absolvierte er in seiner neuen Heimat eine Mechanikerlehre in den Maschinenfabriken von Asa R. Swift und I. Angell & Sons. Danach arbeitete er, während der Sezessionskriege, in der Waffenfirma von Samuel Colt in Hartford im Bundesstaat Connecticut, und schließlich eröffnete er 1865 in Rochester, New York, einen eigenen kleinen Maschinenbetrieb. Ursprünglich wurden bei Gleason Works Metallbearbeitungswerkzeuge, Drehbänke und Hobelmaschinen hergestellt. Knapp zehn Jahre nach der Firmengründung machte William Gleason jedoch eine folgenreiche Erfindung – er entwickelte 1874 die erste Kegelrad-Wälzhobelmaschine. Diese bemerkenswerte Innovation eröffnete neue Möglichkeiten bei der Übertragung von Bewegungskräften, sie markierte den Anfang einer Weiterentwicklung der industriellen Welt.

Williams Sohn Tom aus erster Ehe assistierte dem Vater bei der anstrengenden Arbeit, aber als Kate Gleason elf Jahre alt war – sie kam 1865 zur Welt –, starb ihr Halbbruder an Typhus. Die Familie war schockiert über den Verlust, zumal William Gleason nun auch keinen Helfer mehr in seinem kleinen Werk hatte. »Wenn doch Kate nur ein Junge wäre«, soll ihre Mutter Ellen McDermot Gleason damals verzweifelt zu ihrem Mann gesagt haben. Ein paar Tage später erschien die Tochter in der Werkstatt des Vaters, um ihn zu unterstützen. »Ich las Bücher über Maschinen und das Ingenieurwesen seit ich neun Jahre alt war«, erinnerte sie sich 1928 in einem Interview.

Mit dem Einstieg in den väterlichen Betrieb konnte sie ihre theoretischen Kenntnisse in der Praxis überprüfen. Da ihr Vater zwar ein hervorragender Maschinenbauer und Erfinder war, aber kein guter Geschäftsmann, übernahm Kate als Vierzehnjährige auch die Buchführung. Nach dem Abschluss der Highschool 1884 studierte sie als erste Frau in den Vereinigten Staaten Maschinenbau an der Cornell University in Ithaca, New York. Ihre Eltern machten bei der Ausbildung ihrer Kinder – Kate hatte schließlich neben einer Schwester doch noch zwei Brüder bekommen – keine Unterschiede. William Gleason fand es großartig, dass sich seine Tochter für die Wunder der Ingenieurkunst interessierte. Den Universitätsabschluss konnte sie jedoch im Gegensatz zu ihren Brüdern James und Andrew, die ihr an die Cornell University gefolgt waren, bedauerlicherweise nicht machen. Sie wurde im väterlichen Betrieb gebraucht, der in ihrer Abwesenheit und ohne ihre buchhalterische Führung in eine finanzielle Krise geraten war.

Kate fand einen Weg, Gleason Works vor dem Bankrott zu retten. Sie überzeugte ihren Vater, sich auf seine Kegelrad-Hobelmaschine zu konzentrieren, mit der er Zahnräder, die von der boomenden Autoindustrie in Massen gebraucht wurden, schneller und billiger produzieren konnte als alle anderen Zulieferer. Außerdem avancierte sie neben ihrer Stellung als Hauptbuchhalterin der kleinen Manufaktur zur Vertriebsleiterin. Mit fünfundzwanzig Jahren reiste sie zum ersten Mal alleine mit dem Dampfschiff nach Europa, um neue Absatzmöglichkeiten ausfindig zu machen. Damit startete sie in Amerika als Erste den Versuch, die Geschäfte eines mittelständischen Handwerkerbetriebs zu globalisieren. Als sie nach zwei Monaten Außendienst nach Rochester zurückkehrte, hatte sie Aufträge aus England, Schottland, Frankreich und Deutschland im Gepäck. Im Jahr 1900 repräsentierte sie die Firma ihres Vaters erfolgreich auf der Pariser Weltausstellung.

Kate Gleason verließ das Familienunternehmen schließlich 1913 nach Streitigkeiten mit ihren Brüdern James und Andrew, die nach ihren Studienabschlüssen ebenfalls in den väterlichen Betrieb einsteigen wollten – und startete eine Karriere als selbstständige Geschäftsfrau: 1914 erklärte man sie zur Konkursverwalterin der Maschinenbaufirma Ingle Machine Company. Vor ihrer Übernahme hatte das Werk einen Schuldenberg von 140 000 Dollar. Als sie die Produktionsstätte drei Jahre später den Aktienhaltern übergab, konnte sie einen Gewinn von einer Million Dollar verzeichnen.

Als der Präsident der First National Bank von East Rochester 1917, nach dem Kriegseintritt der Vereinigten Staaten, zum Dienst an der Front berufen wurde, sollte die erfolgreiche Managerin Kate Gleason seine Position ausfüllen. In ihrer Zeit als Leiterin des Kreditinstituts betreute sie nicht weniger als acht Großfirmen und begann damit, sich als Bauunternehmerin zu engagieren.

In dieser Funktion förderte sie mehrere Modellprogramme, darunter die Arbeitersiedlungen »Concrest« und »Marigold Gardens« in East Rochester. Diese bestanden aus jeweils rund hundert Gebäuden und wurden Vorbild für viele weitere Vorstadtsiedlungen. Ein Wohnhaus mit Garage kostete erschwingliche 4000 Dollar. Gleason konnte die einfachen Unterkünfte derart billig anbieten, da sie beim Bau vorgefertigte Teile aus Beton verwendete. Sie hatte dazu ein Verfahren entwickelt, Flüssigbeton so in Form zu gießen, dass bestimmte Teile eines Hauses vorab in großen Mengen hergestellt werden konnten. Als eine der Ersten in der Baubranche setzte sie auf serielle Produktionsmethoden, die sie in der Automobilindustrie beobachtet hatte. »Meine Inspiration für die Herstellung von Häusern aus vorgefertigten Betonteilen erhielt ich bei einem Besuch des Automobilherstellers Cadillac, wo mir Mr Leland die Zusammensetzung von Acht-Zylinder-Motoren präsentierte«, erinnerte sie sich an ihre Anfänge als Produzentin von Fertighäusern. Außerdem beauftragte sie ihren Mitarbeiter George Hiller, einen leichten und mobilen Kran zu entwickeln, um die Betonteile zu transportieren. Das Modellhaus »Concrest« hatte sechs Zimmer, und die Küche war standardmäßig mit einem Gasherd und einem Bügelbrett versehen.

»Dass ich so viel Wert auf meine Kleidung legte, zahlte sich aus«

Nach ihrem Intermezzo als Bankdirektorin reiste sie nach Frankreich. In Septmonts, im Norden des Landes, engagierte sie sich bei den Wiederaufbauarbeiten nach dem Ersten Weltkrieg. Sie errichtete eine öffentliche Bibliothek und ein Kino und half bei der Rekonstruktion einer mittelalterlichen Burganlage aus dem 12. Jahrhundert, in der sie in Zukunft jeden Herbst ihre

Ferien verbringen sollte. Aufgrund ihrer Bauprojekte aus Beton wurde sie 1919 als erste Frau zu einem Mitglied des American Concrete Institute berufen. 1920 kaufte sie ein Stück Land auf den Sea Islands vor der Küste von South Carolina, um dort eine preiswerte Künstlersiedlung zu errichten – der Plan wurde aber erst nach ihrem Tod realisiert. Stattdessen konnte die Geschäftsfrau Vorstadtsiedlungen im kalifornischen Sausalito verwirklichen.

Die besten Ratschläge für ihr Auftreten als Unternehmerin in einer von Männern dominierten Domäne habe sie von der Frauenrechtlerin Susan B. Anthony erhalten, so Kate Gleason in einem Interview im *American Magazin*. Anthony war eine Freundin ihrer Mutter gewesen, hatte für das Wahlrecht der Frauen gekämpft und war, weil sie gewählt hatte, sogar zu einer Haftstrafe verurteilt worden. »Sie riet mir, mehr auf meine äußere Erscheinung zu achten. Also zog ich mich besonders weiblich an ... Ich ließ meine Haare frisieren, trug Veilchen an meinem Muff und ließ mir ein frivoles Kleid schneidern. Dass ich so viel Wert auf meine Kleidung legte, zahlte sich aus.« Und sie fügte hinzu: »Manche Kunden sprachen mich noch zwanzig Jahre später auf ein bestimmtes Kleid an, das ich bei einem geschäftlichen Treffen getragen hatte.« Susan B. Anthony empfahl ihr außerdem, jede Art von Werbung zu nutzen: »Sie sagte, Lob sei das Beste, aber auch üble Nachrede sei nicht schlecht, denn wichtig sei nur, immer im Gespräch zu bleiben!«

Als Kate Gleason 1933 starb, hinterließ sie ein Vermögen von 1,4 Millionen Dollar. Ein großer Teil des Erbes kam gemeinnützigen Institutionen zugute wie dem Rochester Institute of Technology. Die Kate-Gleason-Stiftung sollte sich dagegen um die sozialen Belange der Arbeiter der von ihrem Vater gegründeten Gleason-Werke kümmern. Die Gleason Corporation ist im Familienbesitz geblieben. Kates Bruder Andrew C. Gleason hatte das Unternehmen bis zu seiner Pensionierung im Jahr 1934 geführt und hervorragende Beiträge zur Entwicklung immer besserer Kegelradmaschinen geleistet. James Gleason war mit vierundneunzig Jahren in seinem Büro verstorben. Die Gleason Corporation ist heute führend in der Produktion von Kegelrädern; Hauptkunden sind Konzerne in der Autoindustrie. Und noch heute profitiert es von Kates frühen Globalisierungsstrategien – zwei Drittel des jährlichen Umsatzes werden durch Kunden außerhalb der USA erbracht.

Claudia Lanfranconi

Aino Marsio
AALTO
1894–1949

Mit funktionalen Inneneinrichtungen, schlichten Möbeln aus Birkenholz und Glasentwürfen trat die Finnin Aino Marsio Aalto erfolgreich aus dem Schatten ihres berühmten Ehemannes Alvar Aalto, der ab den Dreißigerjahren weltweit als einer der bedeutendsten Architekten der Moderne gefeiert wurde. Ihr Service »Bölgeblick« aus gepresstem Glas von 1932 wird noch heute produziert und zählt aufgrund seiner schlichten Eleganz und Funktionalität zu den Klassikern des modernen Industriedesigns. Von 1935 bis zu ihrem Tod 1949 leitete sie die eigens für den Vertrieb von Aalto-Möbeln gegründete Firma Artek und entwickelte Konzepte für Inneneinrichtungen von Firmengebäuden und Ausstellungsarchitekturen wie der Weltausstellung in Paris 1937.

Aino Marsio Aaltos Karriere begann mit ihrem Eintritt in das Architekturbüro von Alvar Aalto, das dieser im Frühjahr 1924 in seinem finnischen Heimatort Jyväskylä eröffnet hatte. Der junge Absolvent der Technischen Hochschule in Helsinki hoffte, dass ihm das familiäre Netzwerk den Einstieg als selbstständiger Architekt erleichtern würde. Einen Kredit von der Bank bekam der Newcomer, der zwar schon einige Aufträge in Finnland und Schweden ausgeführt hatte, trotzdem nicht, was ihn aber nicht davon abhielt, mit einem großen Schild für seine Profession zu werben: »Das Alvar Aalto Büro für Architektur und monumentale Kunst« stand auf dem Türschild zu seinem Atelier, das auch als Wohnung diente.

Alvar Aalto war selbstbewusst und konnte sich in der Öffentlichkeit vorteilhaft darstellen. Schon bald hatte er so viele Aufträge, dass er Mitarbeiter einstellen musste. Noch im Jahr nach Eröffnung seines Büros fing nach zwei männlichen Assistenten Aino Marsio bei ihm an. Die Dreißigjährige – sie war 1894 in Helsinki zur Welt gekommen – hatte im Januar 1920, also ein Jahr vor Alvar Aalto, ihr Diplom als Architektin in der finnischen Hauptstadt gemacht. Erste Berufserfahrungen sammelte sie bei dem Baumeister Oiva Kallio und in Jyväskylä bei Aaltos Konkurrenzfirma von Gunnar Wahlroos.

Im Herbst 1924 waren Alvar und Aino ein Paar. Von einer romantischen Verklärung ihrer Beziehung hielten jedoch beide nicht viel: »Durch diese Verrücktheit müssen wir alle einmal durch«, schrieb Aino an eine ihrer Schwestern, »und vielleicht entsteht ja etwas Gutes daraus.« Und Alvar erklärte am Tag der Hochzeit seinen Angestellten, dass er seiner Assistentin Aino Marsio mittlerweile so viele Gehälter schuldete, dass er gar keinen anderen Ausweg gesehen hätte, als sie zu heiraten.

Als Architektenteam ergänzten sich die beiden von Anfang an in idealer Weise. Alvar hatte den Kopf voller fantastischer Ideen, die Aino fein säuberlich und mit Sinn für die Realität in präzise Bauzeichnungen übersetzte. Schon im Studium zeigte sich ihr Talent als Zeichnerin, wie ihre erhaltenen Notizbücher und Planskizzen dokumentieren. Im ersten Jahr ihrer Zusammenarbeit hatte Alvar Aaltos Architekturbüro mit mehr als achtzig Projekten zu tun. Er baute Häuser und Villen für private Auftraggeber, renovierte Kirchen, gestaltete Arbeitersiedlungen, etwa für den Holzverarbeitungskonzern Schaumann in Josenuu, und er entwarf ein Gebäude für den Arbeiterverein der Eisenbahnangestellten. Bei Wettbewerben für repräsentative Großprojekte – beispielsweise Finnlands Parlament oder das Gebäude für die Vereinten Nationen in Genf – ließ sich Alvar Aalto vor allem von der Formensprache der italienischen Frührenaissance inspirieren, von der er seit seinen Flitterwochen in Italien besonders begeistert war. Selbst die Turbinenhalle des Elektrizitätswerks im finnischen Imatra wollte er in ein Assisi des Nordens verwandeln.

Aino Marsio Aalto war stets seine beste Kritikerin. Und seit sie die Buchhaltung der Firma übernommen hatte, stimmten die Finanzen wie auch die Koordination der Termine. Im Gegenzug sorgte Alvar Aalto dafür, dass seine bescheidene Frau, die von Freunden und Be-

Zeichnungen für das legendäre Glasservice »Bölgeblick«
mit Wellenrelief.

Rechte Seite: Die Aaltos brachten Ordnung, Funktionalität und handwerklich gute Produkte in private und öffentliche Räume.

kannten als »zurückhaltend« und »still« beschrieben wurde, genauso im Rampenlicht stand wie er selbst. Alle Entwürfe, die aus seinem Architekturbüro hervorgingen, wurden partnerschaftlich mit »Aino und Alvar Aalto« signiert; dabei spielte es keine Rolle, wie groß der Anteil von Aino an den Bauprojekten tatsächlich war. Architekturhistoriker und Designexperten gaben sich mit der Doppelsignatur natürlich nicht zufrieden. Mittlerweile ist man der einhelligen Meinung, dass Aino Aalto sich bei Großprojekten, mit denen das Architekturbüro Ende der Zwanzigerjahre und in den Dreißigerjahren betraut wurde, wohl verstärkt auf den Entwurf von Inneneinrichtungen und Möbeln konzentrierte.

Erste Erfahrungen im Bereich des Interiordesigns hatte sie während ihrer praktischen Übungen im Studium an der Technischen Hochschule in Helsinki gemacht. Sie arbeitete nicht nur wie ihre männlichen Kommilitonen als Maurergehilfin beim Bau der Lutheran Congregation House und im Büro des Landschaftsarchitekten Bengt Schalin, sondern absolvierte auch Praktika in den Möbelwerkstätten von Hietalahti und bei der Tischlerei Helsingin Puuseppätehdas. Für ihre Verwandten entwarf die Studentin die ersten eigenen Möbel wie ein Schlafzimmer und einen Kleiderschrank. Zwei Jahre nach ihrem Studienabschluss gewann sie 1922 für den Entwurf eines Esszimmers einen Preis von der Finnischen Gesellschaft für Handwerk und Design. Die erhaltenen Skizzen und Vorzeichnungen für Stühle und Tisch zeigen den Einfluss des neoklassizistischen Stils, der zu dieser Zeit an der Technischen Hochschule dominierte. Erst Ende der Zwanzigerjahre

eigneten sich Alvar und Aino, als sie gemeinsam durch Holland und Frankreich reisten und an der Jahrestagung des Congrès International d'Architecture Moderne teilnahmen, die rationale und geometrische Formensprache der internationalen Neuen Baukunst an.

Im Jahr 1930 wurde Alvar Aaltos erstes modernistisches Gebäude eingeweiht, in ihm waren die Redaktionsräume und die Druckerei für die finnische Zeitung *Turun Sanomat* untergebracht. Das sechsgeschossige Haus mit durchlaufenden Fensterzeilen begründete seinen Ruf als Architekt des Neuen Bauens im Sinne von Le Corbusier und Mies van der Rohe. Für die Räume wurden ebenfalls neue Regeln befolgt: »Wir lehnen ornamentale Konzepte für die Gestaltung von Inneneinrichtungen strikt ab«, lautete die neue Devise des Architekturbüros. Und unter dieser Prämisse entwarfen Alvar und Aino Aalto um 1930 auch den Bau und die Ausstattung des Sanatoriums für Tuberkulosekranke in Paimio, im Südwesten Finnlands, mit dem sie international bekannt wurden.

Für den einsam im Wald gelegenen Komplex mussten Empfangsräume, Operationssäle, mehrere Hundert Patientenzimmer, Liegehallen sowie abgetrennte Wohnungen für Ärzte und Pflegepersonal konzipiert werden. »Das wesentliche Ziel des Gebäudes war es«, so Alvar Aalto in einem Interview nach der Fertigstellung des Mammutprojekts, »wie ein medizinisches Instrument zu funktionieren«, und »eine der grundlegenden Bedingungen für die Heilung ist es, vollkommenen Frieden zu gewähren«. Das Ergebnis ist in die Geschichte des modernen Designs eingegangen: Die Zimmer waren hell und freundlich, die Decken der Patientenzimmer wurden im Kontrast zu den weißen Wänden dunkel gestrichen, die Lampen blendeten nicht, die Türöffner integrierte man als eine Art Schiene, um die Verletzungsgefahr zu minimieren, und der

Wasserlauf in den Waschbecken gelang geräuschlos, wodurch die Ruhe der benachbarten Patienten gewährleistet wurde.

»Wir sollten unsere Leben wieder auf gemeinsame Projekte ausrichten«

Aus gebogenem Schichtholz, mit dem Alvar Aalto seit Ende der Zwanzigerjahre gemeinsam mit dem finnischen Möbelhersteller Otto Korhonen experimentierte, entstanden die Sitzgelegenheiten und Liegen für das Sanatorium. Zu Aaltos berühmtesten Entwürfen, die wenig später zu Bestsellern in Europa wurden, gehören schlichte stapelbare Hocker und Tische auf L-förmig gebogenen Beinen, der aus Birkenholz gefertigte Freischwinger »42« auf gekurvten Holzkufen sowie der schlaufenförmige Armlehnstuhl »41«. In der Schweiz sicherte sich die kleine Firma »Wohnbedarf« die Produktion dieser Einrichtungsobjekte, in England wurden Aaltos Möbel für Paimio 1933 von der Vertriebsfirma Finmar Ltd. London als Mustermobiliar für den englischen Snob vorgestellt. Nach den Angaben von Aaltos Biograf Göran Schildt konnte Finmar Ltd. London im darauffolgenden Jahr Aalto-Möbel für zwei Millionen Pfund verkaufen. Aaltos Produkte, so hieß es in einem Katalog aus den Dreißigerjahren, seien weniger hart und kalt als Stahlrohrstühle, zudem seien sie billiger.

Wie viele Möbelentwürfe in Paimio auf Aino Marsio Aalto zurückgehen, ist nicht genau zu beantworten. Die quaderförmigen Nachtschränkchen mit Schubladen in den Zimmern der Patienten hat sie auf jeden Fall gestaltet. Außerdem war sie alleinverantwortlich für die Häuser des medizinischen Personals.

Aino Marsio Aalto interessierte sich für alle Sparten des Interiordesigns gleichermaßen. Regelmäßig nahm sie an Wettbewerben der finnischen Glashütten teil. Anfang der Dreißigerjahre beflügelte nicht nur das Wirtschaftswachstum den Bedarf an dekorativen Produkten aus Glas, sondern auch die Aufhebung des Alkoholverbots. Ihr Glasservice »Bölgeblick«, mit dem sie 1932 von den Karhula-Glaswerken mit einem zweiten Preis ausgezeichnet wurde, avancierte zum Klassiker. Das wellenförmige Profil verleiht den Tellern, Schalen, Wassergläsern, einer Zuckerschale und einem Henkelkrug nicht nur eine moderne Eleganz, es erleichterte auch das Stapeln der Geschirrteile.

»Bölgeblick«, was übersetzt »Welle« bedeutet, wurde bis in die Sechzigerjahre produziert und dann wieder ab 1985 bis in die Gegenwart hinein.

Anregungen für ihre facettenreichen Entwürfe holte sich die Designerin auf internationalen Ausstellungen und auf Reisen. 1934 erhielt sie ein Stipendium von der finnischen Alfred-Kordelin-Stiftung, um Einblicke in die Möbelindustrie in der Schweiz und in Frankreich zu gewinnen. Zusammen mit ihrem Ehemann machte sie sich im Sommer 1935 auf eine Tour nach Amsterdam, Brüssel, Paris und Zürich. Ihre Aufzeichnungen illustrieren, dass sie sich vor allem für Dekorationsmaterialien und Stoffe begeisterte. Sie notierte marokkanische Teppiche, Bezüge mit Zebrafellmuster und beschrieb detailliert die Einrichtungen von Flugzeugen, Hotels und Geschäftsräumen, die sie zu sehen bekam.

Mit der Gründung der Möbelproduktionsfirma Artek trat sie endgültig aus dem Schatten ihres Mannes. Das Unternehmen, das sie gemeinsam mit der Designerin Maija Heikinheimo, den Gesellschaftern von Finmar Ltd. London, der Aalto-Mäzenin Maire Gullichsen und natürlich mit Alvar auf den Weg gebracht hatte, sollte die international stetig steigende Nachfrage nach Aalto-Möbeln befriedigen und die Fertigungsqualität der Einrichtungsgegenstände sichern. Aino Marsio Aalto leitete erst das Designbüro und übernahm 1941 auch die Geschäftsführung von Artek. Das Konzept der Firma ging sofort auf: 1936 erhielt sie auf der Mailänder Triennale, einer 1933 gegründeten Designausstellung, den ersten Preis für die von ihr gestaltete Artek-Modellwohnung. Der erste Artek-Laden mit dem gesamten Sortiment von Aalto-Möbeln löste auch in Finnland Begeisterung für die Entwürfe des finnischen Architektenduos aus: »Die eindrucksvoll beleuchteten Fenster werden an den Abenden von Menschenmengen belagert«, berichtete Göran Schildt in seiner ersten Alvar-Aalto-Biografie »The Decisive Years«, die 1986 in New York erschien.

Gefragt waren auch Artek-Kinderzimmermöbel, die Aino Marsio Aalto bereits 1927, nach der Geburt ihrer Tochter Johanna Flora, für ihr neues Zuhause in Turku entworfen hat. Dazu gehörten eine Wiege, ein Kinderbett und zwei Tische mit abwaschbaren Linoleumauflagen, deren abgerundete Kanten zusätzlich mit Gummibändern verstärkt waren. Die Konzeption von Kindertagesstätten war überhaupt ein wichtiges Anliegen von ihr, schon für ihre Diplomarbeit hatte sie einen Kindergarten konzipiert. 1945 entwarf sie eine Kita in Noormarkku, im Westen Finnlands. Ihre Ideen für Schlafgelegenheiten wurden von Kritikern als besonders originell gewertet, so ein Etagenbett für drei Kinder und ein ausziehbares Modell, das zusammengeschoben auch als Bank oder Tisch dienen konnte.

In ihrer Rolle als Inneneinrichterin und Designerin für Artek realisierte sie zahlreiche Projekte zusammen mit Ehemann Alvar. Zu den bekanntesten Gemeinschaftsarbeiten gehört die Villa Mairea in Noormarkku für das Industriellenehepaar Harry und Marie Gullichsen, die zu den wichtigsten Förderern von Alvar Aalto gehörten. Alvar entwarf das modernistische Gebäude mit einem L-förmigen Grundriss, Aino hingegen war für die Einrichtung und die Gestaltung

der Küchenräume nach den neuen Prinzipien des Ra-
tionalismus zuständig. Die geräumige Vorhalle, die für
den Empfang von Gästen vorgesehen war, stattete sie
mit an den Wänden entlanglaufenden schlichten Sitz-
bänken aus. Die eigens für die Villa entworfenen Möbel
wie der bis auf vier Meter ausziehbare Esstisch, der
Schreibtisch und das Sofa wurden durch die von Artek
produzierten Standardobjekte komplettiert – dazu gehörten Sessel aus Rattan und die Kinderzimmermöbel.
Richtig genutzt wurde das Gebäude mit seinen klaren
Formen nie. »Nach dem Krieg«, in dem das Industriel-
lenpaar große finanzielle Verluste erlitten hatte, »war
das Haus einfach fünf Nummern zu groß«, konstatierte
eines der Gullichsen-Kinder.

Während des Zweiten Weltkriegs litt Artek wie
viele Firmen unter der Knappheit von Produktionsma-
terialien. Die Herstellung von Möbeln und Möbelde-
tails aus gebogenem Schichtholz musste zeitweise eingestellt werden, da kein Klebstoff vorhanden war. Aino
Marsio Aalto, die 1941 nach dem Tod eines Mitarbeiters
die Stelle als Managing Director übernommen hatte,
ließ sich jedoch nicht unterkriegen. Sie stellte die Produktion auf einfache, geometrisch gebaute Möbel um
und versuchte, weitere Märkte und Kunden in Nordeu-
ropa zu gewinnen. 1944 präsentierte Artek zahlreiche
neue Modelle, so eine schlichte Kommode aus Birkenholz mit Schiebetüren und ein Bettsofa mit einem raffinierten Klappmechanismus. Außerdem wurde das
Angebot durch kleinere Haushaltsgegenstände verstärkt, die sich ohne großen Aufwand günstig herstellen ließen, darunter Weidenkörbchen, die teilweise von
sowjetischen Kriegsgefangenen in den von den Finnen
okkupierten Lagern in Karelien geflochten wurden.
Zum Sortiment gehörten außerdem Untersetzer aus
Birkenrinde und Strohgeflecht sowie kleine Schach-
teln und Behälter.

Vermutlich schmiedete die kreative Geschäftsfrau
eine Menge Pläne, die sie nach Kriegsende umsetzen
wollte. 1946 wurde bei Aino Marsio Aalto jedoch eine
Krebserkrankung diagnostiziert, der sie drei Jahre später erlag. Noch im Herbst 1948 hatte ihr Alvar Aalto
einen aufmunternden Brief aus Boston geschrieben, in
dem er sie an ihre frühen Gemeinschaftsarbeiten der
ersten Jahre erinnerte: »Wir sollten unsere Leben wieder
auf gemeinsame Projekte ausrichten. Weg mit den Rou-
tinejobs und her mit der Arbeit, die nicht zu groß ist
und die ich zu Hause mit dir zusammen machen kann.«

Die Firma Artek vertreibt heute Reeditionen der
von Aino und Alvar Aalto entworfenen Möbelklassi-
ker, darunter ein dreibeiniger Hocker, der für das Sanatorium in Paimio konzipiert war, oder die Hängeleuch-
te »Goldene Glocke«, entworfen für das Restaurant des
Savoy-Hotels in Helsinki. Hergestellt werden die Entwürfe seit über siebzig Jahren von der Möbelfirma Korhonen aus finnischer Birke. Viele Produktionsschritte
wurden mechanisiert, aber die aus Schichten geklebten
Armlehnen oder die L-förmigen Tischbeine werden
weiterhin von Hand gefertigt.

Claudia Lanfranconi

Charlotte
PERRIAND
1903–1999

Dass ihre Regale, Tische und Stühle einmal astronomische Preise erzielen würden, hätte sich Charlotte Perriand sicher nicht träumen lassen, denn jahrzehntelang war das Ziel der 1903 in Paris geborenen Gestalterin, formschöne, industriell hergestellte Möbel zu moderaten Preisen für ein breites Publikum zu entwerfen. Doch seit ihrem Tod im Jahr 1999 werden selbst für ihre schlichten Dreibeinhocker aus geöltem Kiefernholz, die sie für die Skistation »Les Arcs« in den französischen Alpen entwarf, zwischen 2000 und 4000 Euro bezahlt, und im Jahr 2004 bot eine Pariser Galerie ein Bücherregal, das die Französin 1962 für den damaligen Air-France-Chef entworfen hatte, für sagenhafte eine Million Euro an. Ihre Möbel haben Kultstatus, Originale sind Sammelobjekte, die Reeditionen ihrer Entwürfe bietet seit den Siebzigerjahren der italienische Möbelhersteller Cassina an.

Das Geheimnis ihres Erfolges? Von Konventionen ließ sich Charlotte Perriand von Anbeginn ihres beruflichen Werdegangs jedenfalls nicht leiten. Während ganz Europa Mitte der Zwanzigerjahre im Art-déco-Stil schwelgte, begeisterte sich die junge Absolventin der Pariser Kunstgewerbeschule, der Union centrale des arts décoratifs, für Möbel aus Glas und Metall und ließ sich bei ihrer Materialwahl für erste Ausstellungsstücke und Prototypen von den glänzenden Karosserien der Automobile anregen. In dem englischen Tuchhändler Percy Scholefield, einem Freund ihrer Eltern, die beide erfolgreich in der Pariser Modebranche tätig waren, fand sie nach dem Abschluss ihres Studiums 1925 einen großzügigen Mäzen für ihre innovativen Gestaltungsideen. Scholefield finanzierte die kostspielige Realisierung ihrer Möbelentwürfe zur Präsentation auf den wichtigsten Leistungsschauen für Innenarchitekten und Dekorateure wie dem Salon des arts décoratifs, auf dem Charlotte Perriand auf Anhieb sehr gute Kritiken für ihre Lampen und einen Besteckschrank bekam.

Nach der Hochzeit mit Paul Scholefield im Dezember 1926 nahm sie als erstes Großprojekt die Einrichtung ihrer gemeinsamen Pariser Wohnung an der Place Saint-Sulpice in Angriff, die von der auf Außenwirkung stets bedachten Designerin bestens fotografisch dokumentiert wurde. Statt des Wohnzimmers gestaltete Perriand eine Bar, die viel mehr ihrem ausgelassenen Lebensgefühl entsprach. Und auch für den Essbereich entschied sie sich für Lösungen, die auf ihre unkomplizierte und bohemienhafte Lebensführung zugeschnitten waren. Sie konzipierte einen Tisch, den man je nach Anzahl der Gäste ausziehen konnte, und für die Platte eine leicht zu säubernde Gummiauflage anstelle einer herkömmlichen bourgeoisen Tischdecke.

Die erste Krise erlebte sie nach der Vollendung ihrer Wohnung. Sie hatte keinen Auftrag, Angst um ihre Existenz und fragte sich, ob sie wirklich dazu bestimmt war, in Zukunft die kapriziösen Einrichtungswünsche der neureichen Pariser zu erfüllen. Beinahe hätte sie sich in einer Schule für Landwirtschaft eingeschrieben, um ihrem Dilemma zu entkommen. Doch

da erhielt sie von ihrem Freund, dem Schmuckdesigner Jean Fouquet, den rettenden Hinweis auf zwei Bücher, die der legendäre Architekt Le Corbusier schon in den Zwanzigerjahren geschrieben hatte. Nach der Lektüre seiner berühmten theoretischen Diskurse »Vers une architecture« und »L'Art décoratif d'aujurd'hui« hatte Perriand nur noch ein einziges Ziel: mit Le Corbusier arbeiten!

Als sie mit einer Mappe voll Zeichnungen in seinem Architekturbüro in der Rue des Sèvres um eine Anstellung bat, wimmelte Le Corbusier sie jedoch entschieden ab mit dem chauvinistischen Satz: »Wir sticken hier keine Kissen.« Weibliche Mitarbeiter waren damals in den Studios von Baumeistern einfach nicht vorgesehen. Selbst am Bauhaus durften Frauen nicht Architektur studieren, sondern wurden in den Keramik- und Stoffwerkstätten ausgebildet. Allerdings musste der seit 1917 in Paris ansässige Schweizer Le Corbusier seine ablehnende Haltung gegenüber Charlotte Perriand revidieren, als er ihre Möbel, darunter auch ihre Bar, ein paar Tage später auf dem Herbstsalon im Grand Palais sah. Sie waren aus Metall und Glas und in allen bedeutenden Einrichtungsmagazinen hochgelobt worden: »Man kann sich nichts Frischeres und Jugendlicheres vorstellen«, hatte beispielsweise der gefürchtete Kritiker René Chavance geschrieben, und auch Le Corbusier war so begeistert, dass er ihr nun doch eine Anstellung in seinem Büro anbot. Als *Associée* sollte Charlotte Perriand zuständig sein für die Herstellung von Einrichtungsgegenständen, die zu der kühlen und geometrischen Formensprache seiner architektonischen Projekte passen sollten. Nicht »Mobiliar«,

gab er ihr zu verstehen, sondern »Ausrüstung« sei das richtige Wort für Möbel ohne Schnörkel, die er sich für seine Räume vorstellte.

»Ich lebte in einer Symbiose mit ihnen, und zufällig waren sie Männer«

Das Ergebnis waren die drei Sitzgelegenheiten, die ihren hervorragenden Ruf als Designerin begründeten. In enger Zusammenarbeit mit Le Corbusier und seinem Vetter Pierre Jeanneret, mit dem er seit 1922 das Studio führte, entstanden ein Stuhl mit beweglicher Rückenlehne aus Tierhaut mit der Bezeichnung »B301«, der »LC2«-Sessel, (auch »Grand Confort« genannt), der aus Lederkissen in einem Rahmen aus Stahlrohren besteht, und die Chaiselongue »B306«, die zu den bekanntesten Ikonen des modernen Designs zählt.

Über den jeweiligen Anteil der drei Kreativen an der Konzeption ist viel gestritten worden. Perriand selbst bezeichnete die Entwürfe als Teamwork: »Die Chaiselongue ist aus der Grundvorstellung des einfachen Soldaten entstanden, der sich, wenn er müde ist, auf den Rücken legt, die Füße hoch an einen Baum lehnt, mit dem Rucksack unter dem Kopf. Diese medizinisch empfohlene Position mit den Beinen in der Luft gibt eine sehr bequeme Lage. So sind wir auf die Idee gekommen.«

Die Frage nach ihren Erfahrungen als einzige Frau unter Avantgardearchitekten empfand sie als völlig überflüssig: »Ich sagte mir nie, dass ich eine Frau unter Männern war. Ich lebte in einer Symbiose mit ihnen, und zufällig waren sie Männer.« Die junge Gestalterin fand es viel schwieriger, praktische und finanzielle Probleme bei der Herstellung der Möbel zu lösen. »Die Kasse war auf null« – zumindest bis die Großaufträge wie der Bau eines Gebäudes für die Cité Internationale

Universitaire de Paris, einer internationalen Studentensiedlung in der französischen Hauptstadt, und des Nachtasyls der Heilsarmee an das Architekturbüro herangetragen wurden.

Bis 1937 arbeitete Perriand in Le Corbusiers Atelier. Ohne ihre Mitarbeit wäre es bei den Innovationen im Bereich Möbeldesign vermutlich niemals so erfolgreich geworden. Bei seinen Modellhäusern im Rahmen der Stuttgarter Weißenhofsiedlung, in der unter der Leitung von Ludwig Mies van der Rohe 1927 das Neue Bauen erprobt wurde, hatte sich Le Corbusier mit Möbeln der österreichischen Firma Thonet beholfen. Zwei Jahre später konnten er und seine Partner Jeanneret und Perriand dagegen ein Konzept für eine äußerst funktionale und formschöne Wohnungseinrichtung des modernen Mittelschichtmenschen auf dem Pariser Herbstsalon präsentieren.

Zu einem Bruch zwischen Le Cobusier und Perriand kam es aus politischen Gründen. Mitte der Dreißigerjahre hatten sich Hunderttausende Franzosen den linken Parteien angeschlossen, um gegen den Faschismus zu demonstrieren und für soziale Reformen zu kämpfen – mit dem Ergebnis, dass im Mai 1936 die Front Populaire, ein Bündnis aus linken Parteien, die Regierung übernahm. Auch Perriand war eine glühende Anhängerin der Kommunisten und besuchte regelmäßig die Veranstaltungen der Association des Écrivains et Artistes Révolutionnaires, der sie bereits seit der Gründung 1932 angehörte, sowie die Diskussionen und Lesungen in dem von dem französischen Dichter André Malraux initiierten Maison de la Culture. Zum Verhängnis für ihre Beziehung zu Le Corbusier wurde jedoch ihre Unterstützung der »Jeunes 1937«, einer Gruppe militanter Pariser Designstudenten und Gestalter, die für die internationale Weltausstellung in Paris 1937 ein Freizeit- und Kulturzentrum bauen wollten.

Perriand hatte Le Corbusier überredet, gemeinsam mit den Jeunes 1937 auf der Weltausstellung aufzutreten, und der Architekt hatte sich einverstanden erklärt – allerdings nur, wie sich später herausstellte, um seine eigenen Ziele zu verfolgen. Er spekulierte auf finanzielle Förderungen seitens der Regierung und ließ seine gutgläubige Mitarbeiterin eine Auflistung der benötigten Gelder an die Kulturverwaltung schicken, die auch bewilligt wurden. Die Designer und Architekten der Jeunes 1937 erhielten jedoch keinen Francs und wurden, im Gegensatz zu Le Corbusiers Versprechen, nicht als gleichberechtigte Partner am Entwurfsprozess beteiligt, sondern lediglich für Hilfsarbeiten herangezogen. Die kulturellen Vereinigungen der Linken waren empört über sein Vorgehen. Und Charlotte Perriand, die sich ebenfalls hintergangen fühlte, verließ das Büro ihres langjährigen Partners.

Ihre Zielsetzung bei den Entwürfen hatte sich in den Dreißigerjahren vor dem Hintergrund ihres neu erwachten politischen Interesses verändert: Es ging ihr nun nicht mehr allein darum, schicke avantgardistische Möbel aus industriell gefertigten Materialien zu gestalten, sondern um die Demokratisierung des Designs, das allen, aber insbesondere den Arbeitern, zugänglich sein sollte. In diesem Sinne präsentierte die Gestalterin 1936 auf dem Salon des arts ménagers, einer Messe für Neuheiten, einen zusammenfaltbaren Sessel aus Stahlrohr mit zwei abnehmbaren Kissen und einen einfachen Eichentisch mit dazu passender Sitzbank. Eine zehn Meter lange Fotocollage mit dem Titel »Das Elend von Paris« sollte ihre sozialpolitischen Intentionen darstellen und brachte ihr auch Folgeaufträge ein – zwei weitere Fotocollagen für den Warteraum des Landwirtschaftsministeriums und dessen Ausstellungspavillon auf der Weltausstellung 1937, die sie gemeinsam mit ihrem Freund und politischen Weggefährten, dem Maler Fernand Léger, realisierte. Von Percy Scholefield war sie längst geschieden.

Die Beschäftigung mit japanischen Materialien inspirierte sie

Der deutschen Besatzungszeit in Paris konnte sie aufgrund einer beruflichen Auslandsreise entgehen. Von der japanischen Industrie- und Handelskammer war sie im Frühjahr 1940 als Beraterin nach Tokio eingeladen worden, um neue Produkte für den Export in westliche Länder zu entwickeln. Mutig tauchte sie in die fremde Kultur ein. In Begleitung des jungen Designers Sori Yanagi bereiste sie die Provinzen, studierte die landestypischen kunsthandwerklichen Techniken, diskutierte mit Handwerkern und Künstlern, inspizierte neue Materialien wie Bambus und versuchte, mit dem Metermaß der besonderen Harmonie japanischer Innenräume auf die Spur zu kommen. Für ein touristisches Sightseeingprogramm blieb keine Zeit – schließlich übertraf das Gehalt, das man ihr zahlte, bei Weitem das des japanischen Ministers, der sie als Expertin beauftragt hatte.

Nach sieben Monaten intensiver Recherche präsentierte Charlotte Perriand auf der von ihr konzipierten Ausstellung »Auswahl, Tradition, Kreation« im Tokioer Kaufhaus Takashimaya nicht nur für den Export geeignete japanische Alltagsgegenstände wie Teekannen und Porzellanschalen, sondern auch eigene Entwürfe, darunter mit Kimonostoffen bezogene Sitzkissen und aus Stroh geflochtene Sessel und Beistelltische. Die Beschäftigung mit japanischen Materialien inspirierte sie sogar dazu, die Chaiselongue »B306« in Bambus umzusetzen.

Den richtigen Zeitpunkt, um Japan noch verlassen zu können, hatte sie nach dem Ende ihres Regierungsauftrags 1941 verpasst; erst 1946 konnte sie nach Frankreich zurückkehren. In der Zwischenzeit hatte sie inmitten der Kriegswirren in Indochina den Franzosen Jacques Martin geheiratet und die Tochter Pernette zur Welt gebracht. Zurück in Frankreich, knüpfte sie nahtlos an ihre Erfolge als Möbeldesignerin und Inneneinrichterin an. In den französischen Alpen, im Ort Méribel-les-Allues, realisierte Perriand, die schon immer eine begeisterte Bergsteigerin und Skiläuferin war, einige Hütten mit rustikalen Einrichtungen. Ab 1950 arbeitete sie zusammen mit dem französischen Designer Jean Prouvé, der sich seit den Zwanzigerjahren als Spezialist für Türen, Fassadenelemente und Konstruktionen aus Stahlblech einen Namen gemacht hatte und eine eigene Fabrik in Maxéville, in der Nähe von Nancy, betrieb. Gemeinsam mit Prouvé realisierte Charlotte Perriand, die in seiner Firma für die Möbelentwürfe zuständig war, ihre bekanntesten Entwürfe – darunter die Regalsysteme »Tunesie« und »Mexique« für Studentenwohnungen in der Cité Internationale Universitaire de Paris. Sie waren aus Holz und Blechelementen mit Schiebetüren gefertigt. Aufbewahrungsmöbel wie Schränke, Regale und Kommoden waren überhaupt

ihre Spezialität, denn Perriand fand es nach eigenen Worten wesentlich »besser, einen Tag in der Sonne zu verbringen, als unnötige Dinge abzustauben«.

Ab 1956 wurden Charlotte Perriands und Jean Prouvés Möbel exklusiv von der neu eröffneten Galerie Steph Simon auf dem Boulevard Saint-Germain angeboten, in Kombination mit Lampen von Isamu Noguchi und ausgesuchten Objekten aus Japan. Zudem agierte Perriand international: Für die französische Fluggesellschaft Air France gestaltete sie Agenturen in Paris, London und Tokio, 1959 renovierte sie Sitzungs- und Konferenzräume der UNO-Gebäude in Genf, sie richtete Wohnungen in Brasilien ein, wo ihr Ehemann für die Air France tätig war, und Mitte der Sechzigerjahre gestaltete sie die Inneneinrichtung der japanischen Botschaft in Paris.

Zu den größten Projekten, die an die erfolgreiche Designerin herangetragen wurden, gehörte jedoch die Gestaltung des autofreien Skiresorts Les Arcs, das auf drei Ebenen in die französischen Alpen oberhalb des Isère-Tals gebaut werden sollte, um rund 28 000 Menschen zu beherbergen. Bauherr Roger Godino hatte

Perriands privates Alpenchalet mit seiner schlichten Holzmöblierung in Méribel-les-Allues gesehen und sich daraufhin für sie als Koordinatorin entschieden. Gemeinsam mit Jean Prouvé und einem Team aus Ingenieuren, Architekten und Handwerkern arbeitete sie von 1967 bis 1985 daran, Gebäude, Aussichtsterrassen, Gemeinschaftsräume, Appartements mit Küchen und Bädern zu realisieren, die ästhetisch, funktional und im Einklang mit der Natur stehen und natürlich kostengünstig zu produzieren sein sollten.

Schon zu ihren Lebzeiten wurde die Ausnahmegestalterin mit Ausstellungen zu ihrem umfangreichen Werk geehrt, so 1985 im Pariser Centre George Pompidou und 1998 im Design Museum in London. In der Zusammenschau ihrer Werke wurde deutlich, dass sie stets auf der Höhe ihrer Zeit gestaltete. 1999 starb die auch als herausragende Fotografin noch zu entdeckende Gestalterin in Paris.»Wir arbeiteten immer mit Idealen«, antwortete sie auf die Frage nach ihrem Konzept. »Modernität ist ein Prozess der Analyse und kein Stil.«
Claudia Lanfranconi

Maria
BOGNER

1914–2002

Von Anfang an engagierte sich Maria Bogner in dem Skigeschäft ihres Ehemannes Willy Bogner in München. Erst änderte sie nur die Einrichtung und strich die Wände dunkelgrün. Doch Ende der Dreißigerjahre entwarf sie bereits erste modische Skianoraks, und während ihr Mann bis 1947 in Kriegsgefangenschaft war, legte sie mit ein paar Nähmaschinen in einer Baracke den Grundstein für das erfolgreiche Familienunternehmen für Skimode, das heute von ihrem Sohn Willy Bogner jr. geführt wird. In den Fünfzigerjahren trug alle Welt die von ihr entworfenen Keilhosen, die nicht nur wetterfest waren, sondern das weibliche Bein vorteilhaft lang erscheinen ließen. Eine Hose, die bis heute im Sortiment ist. Als Vorreiterin in Sachen Markenführung erwies sie sich, indem sie alle Kleidungsstücke mit einem B für Bogner versah – das Modelogo baumelt noch heute an jedem Reißverschluss.

Eigentlich wollte die attraktive Rheinländerin nichts mit Willy Bogner zu tun haben. Bei ihrer ersten Begegnung auf der Zugspitze warf er ihr frech einen Schneeball mitten ins Gesicht. Ein paar Wochen später kaufte die 1914 geborene Maria Lux per Zufall ihre neuen Skier in Willy Bogners Laden in der Schommerstraße in München – und ärgerte sich über den feixenden Geschäftsmann. Und als sie sich dann bald darauf schon wieder unverabredet in einem Café trafen, war ein Kennenlernen unvermeidlich. Marias Vater, ein Verleger aus Köln, der sich für Kochbücher genauso wie für Kunstbände begeistern konnte, war jedoch der Meinung, seine Tochter habe einen besseren Mann verdient als »diesen Skiläufer«, und schickte sie nach Dresden, wo er für sie einen fünfzehn Jahre älteren Sohn aus einer wohlhabenden Familie ausgesucht hatte. Brav reiste die Tochter nach Sachsen, als sie zurückkam, verkündete sie jedoch die Verlobung mit Willy Bogner. Die Heirat folgte kurz darauf.

Von Anfang an begleitete Maria ihren Mann in sein Geschäft. Sie hatte verschiedene Internate besucht, eine Ausbildung in Hauswirtschaft absolviert und nach den Erinnerungen des Prokuristen, die »Gabe, aus allem nur das Schönste zu machen«. Maria Bogner sah es etwas nüchterner. »Als Erstes habe ich geputzt«, beschrieb sie ihren Firmeneinstieg. Danach veränderte sie die Inneneinrichtung, ergänzte den Laden durch einen Raum, in dem alte Skier ausgestellt wurden, strich die Wände komplett in einem dunklen Grün und organisierte einen Kachelofen, um das Ambiente aufzubessern. Und ein einfaches norwegisches Skihemd verwandelte die praktisch veranlagte Maria Bogner kurzerhand in einen flotten Anorak. Dabei schnitt sie das Hemd unten ab und verwendete den Stoff als Taillengürtel. Nicht nur in St. Anton am Arlberg, wo die Bogners gern Ski fuhren, wollten die Frauen von ihr

wissen, wo man denn so etwas bekomme könne – ihre ersten Modelle wurden auch vom deutschen Kader bei den Olympischen Winterspielen 1936 in Garmisch-Partenkirchen getragen.

Ihr Ehemann Willy Bogner konzentrierte sich auf die kaufmännische Seite des Skivertriebs. Um das Saisongeschäft das ganze Jahr über zu beleben, schrieb er alle seine Kunden an, sie sollten ihre Winteraufträge doch schon im Sommer bestellen und zu 90 Prozent mit Schecks vorfinanzieren. Da Bogner die beste Adresse für Skier und Zubehör war, ließen sie sich darauf ein. Zum Kassenknüller wurde auch die zur Konjunkturbelebung eingeführte Bluse mit dem sogenannten Froschmaulausschnitt, ebenso erweiterten Dirndl in allen Variationen das Angebot für die flauen Sommermonate. Der charismatische Bogner pflegte dabei vor allem Kontakte zu kleinen Sportgeschäften. Die Besitzerin eines Handarbeitsgeschäfts soll so angetan gewesen sein von dem braun gebrannten Beau, dass sie die Froschmaulbluse in allen Farben und Größen orderte.

Auf ihrer ersten gemeinsamen Amerikareise im Jahr 1938 beschloss Maria Bogner angesichts der glamourösen und glitzernden Geschäfte der New Yorker

die Basis für eine Zukunft geschaffen. Die erste Modenschau organisierte sie 1948 in München, in einem Café am Lenbachplatz. Familienmitglieder, Freunde und die Designerin selbst präsentierten die Kollektion aus Blusen, Dirndln, Röcken und Anoraks dem begeisterten Publikum.

Maria Bogner warb mit ihren Entwürfen für Eleganz auf den Pisten

Und für die Skifahrerin schuf Maria Bogner eine gänzlich neue Silhouette. Noch 1920 war die »Skiweiberhose« ein gewagtes Kleidungsstück. Lange trug man einen Rock über den als frivol geltenden Hosen. »Etwa einen Kilometer nach der Busstation zieht man das Röckchen dann doch aus und bindet es an den Rucksack«, riet die *Illustrierte* ihren Leserinnen, »und legt es in einem schicklichen Abstand auf dem Weg zum Berggasthof wieder an.« In den Dreißigerjahren wurden Hosen für Frauen dann selbstverständlich, aber einzig als Funktionskleidung in Grau, Blau und Schwarz. Dagegen warb Maria Bogner jetzt mit ihren Entwürfen für Eleganz auf den Pisten. Die Bogners wurden mit Bestellungen bestürmt, und die Auftraggeber ließen sich nicht davon abschrecken, dass sie das Geld auch dieses Mal für den Ankauf der Stoffe erst einmal vorstrecken mussten.

1950 zog die Firma in das Gebäude einer ehemaligen Sauerkrautfabrik in den Münchener Stadtteil Trudering. »Alles stank nach Sauerkraut und es regnete rein«, erinnerte sich Fritz Baur, der wieder bei den Bogners als Prokurist arbeitete. In einer Gemeinschaftsaktion der Mitarbeiter wurde das Dach repariert – und die Produktion konnte starten. Viele Freundschaften, die der kontaktfreudige Willy Bogner vor dem Krieg geschlossen hatte, zahlten sich nun aus. Als der Distribuent Hans

Park Avenue, dass auch die Skikleidung bunter und fröhlicher werden müsse. Es sollte jedoch einige Zeit dauern, bis sie diesen Plan in die Realität umsetzte. Zwischen 1939 und 1942 brachte Maria Bogner drei Kinder zur Welt – 1929 Rosemarie, 1941 Michael und 1942 Willy Bogner jr., der seit 1977, nach dem Tod des Vaters, das Unternehmen leitet.

Im Zweiten Weltkrieg wurde der Laden der Bogners in der Schommerstraße im Bombenhagel zerstört. Willy Bogner war als Soldat in Finnland, der Prokurist Fritz Baur in Afrika. Maria Bogner floh 1944 mit den drei Kindern aufs Land, und als der Krieg zu Ende war und ihr Mann in Gefangenschaft, musste sie einen Weg finden, um als vorübergehend alleinerziehende Mutter zu überleben. Mit schrottreifen Tretnähmaschinen stellte sie in einer Baracke in Oberaudorf im bayrischen Inntal eine kleine Kollektion auf die Beine. Sie hatte ehemalige Kunden gebeten, alte Kleider zu schicken, aus diesen wollte sie eine neue Garderobe schneidern. Geliefert wurden stattdessen ausrangierte Tischdecken und Vorhangstoffe. Und als Maria Bogner dreitausend Meter Popeline angeboten wurden, konnte sie endlich zeigen, wozu sie in der Lage war. Sie ließ den Stoff in Gelb, Rot und Hellblau einfärben, und von ihr aus der Umgebung angeheuerte Mitarbeiterinnen nähten daraus Anoraks mit Kapuze, Reißverschluss und einem Gummizug in der Taille. Getauft wurde das spätere Erfolgsmodell, das viele Tausende Mal verkauft wurde, »Christl« – als Hommage an Christl Cranz, die legendäre Skiläuferin und Olympiasiegerin von 1936.

Als Willy Bogner 1947 aus der amerikanischen Kriegsgefangenschaft entlassen wurde, hatte seine Frau

Hagemeister aus Amerika zu Besuch kam, schlug er diesem vor, die Bogner-Skimoden in den großen Kaufhäusern wie Macy's in New York anzubieten. Hagemeister entwickelte einen detaillierten Businessplan und wurde zu Bogners US-Generalvertreter.

Den internationalen Durchbruch schaffte die Firma Anfang der Fünfzigerjahre mit den von Maria Bogner entworfenen Keilhosen. Zwar hatten die Bogners diese schon vor dem Krieg angeboten, die neuen waren jedoch aus einem elastischen Stretch, der aus der Textilmanufaktur Bianchini in Lyon stammte, und machten daher eine besonders gute Figur. Darin sehen »Beine manchmal länger aus, als Beine eigentlich aussehen dürfen«, urteilte die *New York Times* über die Importe aus Deutschland, und eine amerikanische Skizeitung beobachtete, dass man auf den Pisten neuerdings überall männliche Skifahrer sichten würde, um die *»babes in Bogners«* zu bewundern. Die Hose – obwohl sie für damals stolze 98 Mark oder 30 Dollar angeboten wurde, während die teuerste bei der Konkurrenz nur 60 Mark kostete – war weltweit ein Hit und wurde durch Stars und Schauspielerinnen wie Maria Callas, Marilyn Monroe, Jane Mansfield und Grace Kelly zu *Must haves* der High Society erhoben.

Großen Anteil an der Verbreitung von Bogner-Skimoden in Amerika hatten auch hier die kleineren Sportgeschäfte, die meist von Skilehrern aus Österreich und der Schweiz geführt wurden. Sie kannten Willy Bogner als mehrfachen deutschen Skimeister, der 1934 die Silbermedaille mit der Mannschaft bei der Nordischen Skiweltmeisterschaft in Schweden gewonnen hatte und ein Jahr später Dritter bei der in den Karpaten wurde.

Mitte der Fünfzigerjahre beschäftigte das Ehepaar Bogner rund fünfhundert Mitarbeiter und verkaufte jährlich allein 100 000 Hosen. Die Firma hätte sogar die doppelte Menge an die begeisterten Wintersportler los-

werden können, den Sprung zu Großindustriellen strebten Maria und Willy jedoch nie an. Lieber gönnten sie sich ein wenig Freizeit, in der beide leidenschaftlich gern auf die Jagd gingen.

Wurde sie auf ihre Erfolge als Designerin und Geschäftsfrau angesprochen, stellte Maria Bogner sich gern in den Schatten ihres Mannes: »Das meiste habe ich vom Willy gelernt.« Dabei hatte sie die revolutionäre Idee, an jeden Reißverschluss statt eines langweiligen Tropfens als Markenzeichen ein B für Bogner zu hängen. Ihr jüngster Sohn, Willy Bogner jr., der nach seinen Erfolgen als Skirennfahrer 1972 in das elterliche Unternehmen eintrat, übernahm das von seiner Mutter entwickelte Branding und modifizierte es nur wenig. Bis heute tragen die deutschen Wintersport-Olympioniken Bogner. Außerdem erweiterte der junge Willy Bogner gemeinsam mit seiner brasilianischen Frau Sônia das Angebot durch Tennis-, Golf- und Langlaufbekleidung. In den Achtzigerjahren kamen Taschen, Schuhe, Düfte, Brillen und Badebekleidung dazu. Und spätestens seit seiner halsbrecherischen Kameraarbeit in dem James-Bond-Film »Im Angesicht des Todes« weiß die ganze Welt, dass bei Bogner Herausforderung, Sport und Mode eine Einheit bilden.

Claudia Lanfranconi

Florence KNOLL *1917

In den Fünfziger- und Sechzigerjahren des vergangenen Jahrhunderts revolutionierte Florence Knoll die Inneneinrichtungen der amerikanischen Chefetagen und sorgte mit viel Gefühl für klare Linien und hochwertige Materialien dafür, dass hinter den neuen Glasfassaden von New York bis Los Angeles auch moderne Einrichtungskonzepte verwirklicht wurden. 1943 war die junge Architektin in die Firma ihres zukünftigen Mannes Hans Knoll eingestiegen und leitete unter dem Motto »Good design is good business« mit Feuereifer und vielen neuen Ideen das Planungsbüro, in dem über neue Entwürfe, Raumkonzepte und Werbestrategien entschieden wurde. Während andere Möbelunternehmen ihr konservatives Angebot lediglich durch eine moderne Linie ergänzten, spezialisierten sich Hans und Florence Knoll von Anfang kompromisslos auf Einrichtungsobjekte von innovativen Entwerfern wie Harry Bertoia, Eero Saarinen und George Nakashima.

Florence Knolls beruflicher Werdegang zeichnete sich schon in ihrer Jugend ab. Nach dem frühen Tod ihrer Eltern besuchte Florence Schust, wie sie mit Mädchennamen hieß, ab 1932 die Kingswood School für Mädchen in Bloomfield Hills, einem Vorort von Detroit. Sie gehörte zu einem ganzen Ensemble von Bildungseinrichtungen, die der Medienmogul George Gough Booth und seine Frau Ellen gegründet hatten. Auf dem riesigen Campusgelände befanden sich zudem eine Jungenschule und – was sich entscheidend auf die Karriere von Florence auswirkte – die berühmte Cranbrook Academy of Art, die seit ihrer Gründung 1932 Anlaufstelle für fortschrittlich arbeitende Architekten und Künstler war. Der finnische Baumeister Eliel Saarinen und seine Frau Loja Saarinen, die 1928 von Helsinki nach Amerika übergesiedelt waren und in den Dreißigerjahren das Institut im Grünen zu einer der einflussreichsten Gestaltungsschulen

Amerikas machten, erkannten das Interesse und das Talent des begabten Mädchens, das von allen nur »Shu« genannt wurde, und nahmen es unter ihre Fittiche.

Nach ihrem Schulabschluss 1934 holte Eliel Saarinen Florence an die von ihm geleitete Cranbrook Academy, wo sie Kurse in Malerei und Bildhauerei belegte. In den dortigen Metall-, Holz- und Keramikwerkstätten erlernte sie kunsthandwerkliche Techniken und zeichnete ihre ersten Möbelentwürfe. Näherten sich die Sommerferien, nahmen die Saarinens sie mit nach Finnland. Auf ihren gemeinsamen Reisen durch Europa zeigten sie ihr die bedeutendsten Gebäude der europäischen Architekturgeschichte und machten die Cranbrook-Studentin mit ihren etablierten Gestalterfreunden Frank Lloyd Wright, Le Corbusier und Alvar Aalto bekannt, die nicht mit guten Ratschlägen für ihren weiteren Ausbildungsweg sparten. Schließlich schrieb sich Florence 1935 an der ältesten Hoch-

schule für Architektur ein, der Architectural Association in London.

Als der Zweite Weltkrieg ausbrach und alle amerikanischen Studenten in Europa in ihre Heimat zurückkehren sollten, bedurfte es nur eines Anrufs der durch die Saarinens bestens vernetzten Architekturstudentin bei dem bereits 1937 in die Vereinigten Staaten emigrierten Bauhaus-Designer Marcel Breuer, um zu wissen, wo sie ihr Studium fortsetzen konnte. Florence Knoll folgte dem legendären Pionier im Bereich der Stahlrohrmöbel an die Harvard University, wo Breuer an der Graduate School of Design lehrte. Danach setzte sie ihre Studien am Illinois Institute of Technology unter dem nicht weniger berühmten Ludwig Mies van der Rohe fort, der 1938 vor den Nationalsozialisten aus Deutschland geflohen war und in Chicago ein Architekturbüro installiert hatte. Von diesem Protagonisten der großflächigen Glasfassaden und funktionalen Möbel habe sie »mehr gelernt als von jedem anderen und das in weniger Worten«, erklärte Florence Knoll in einem Interview mit der *New York Times*.

Der Einstieg in die Berufswelt fiel ihr ebenfalls nicht schwer. Ihre erste Anstellung erhielt sie in dem Büro ihres ehemaligen Lehrers Marcel Breuer in New York. Danach wechselte sie ins Studio von Wallace K. Harrison und Max Abramowitz, die sich beim Bau des Rockefeller Centers Mitte der Dreißigerjahre einen

Namen gemacht hatten. Hier musste sie sich erstmals mit Vorurteilen auseinandersetzen, die man damals dem weiblichen Geschlecht in diesem Beruf entgegenbrachte. »Da ich die einzige Frau war, wurde ich mit den wenigen anfallenden Innenräumen beauftragt«, erinnerte sich Florence Knoll in ihren autobiografischen Aufzeichnungen, die im Smithsonian Archive of American Art in Washington D. C. aufbewahrt werden.

Ein Gutes hatte die Zwangsspezialisierung auf Interieurs jedoch: Als Innenarchitektin lernte sie 1943 ihren zukünftigen Ehemann Hans Knoll kennen, den sie drei Jahre später heiratete. Der Deutsche Hans Knoll stammte aus einer Familie von Möbelproduzenten. Seine ersten Erfahrungen hatte er in der Firma seines Vaters Walter in Stuttgart gesammelte, bevor er sich 1938, nach einem Aufenthalt in London, mit seinem eigenen Geschäft »Hans G. Knoll Furniture Company« in New York selbstständig machte. Anfang der Vierzigerjahre litt seine Einmannfirma an chronischer Unterfinanzierung. Was seinem ambitionierten Anspruch, moderne Möbel zu produzieren, jedoch keinen Abbruch tat. Mit der ersten Kollektion des dänischen Gestalters Jens Risom führte er skandinavisches Design in Amerika ein. Der damals gegebenen Materialknappheit begegnete Risom mit Kreativität und entwarf Stühle, deren Sitzflächen und Rückenlehnen aus aussortierten Fallschirmgurten bestanden.

Alle liebten Knoll

Als Florence Knoll in die Firma ihres Mannes einstieg und die Leitung der »Planning Unit« übernahm, etablier-

te sich diese, die nun in »Knoll Associates« umbenannt
wurde, in kurzer Zeit zum Vorreiter im Bereich der
Herstellung moderner Möbel. In ihren eigenen Entwürfen von Sofas, Sesseln, Tischen und Sideboards
setzte Florence Knoll auf einen der Tradition des Bau-
hauses verpflichteten Minimalismus in Verbindung
mit innovativen Materialien und Herstellungsmetho-
den wie etwa bei ihrem Couchklassiker »1206« von
1954. »Ich habe meine Möbel stets als Objekte betrachtet, die den Raum gestalten sollten«, erklärte sie ihr
Designkonzept, das ohne Schnörkel und verspielte De-
tails auskommt. Das zweite Standbein des stetig expandieren Unternehmens waren jedoch die Stühle und
Lampen von Designergrößen wie Marcel Breuer, dem
Finnen Eero Saarinen oder dem Japaner Isamo Noguchi. »Alle liebten Knoll«, erinnerte sich beispielsweise
der amerikanische Designer Richard Schultz, der in
den Sechzigerjahren preisgekrönte Möbel für das
Ehepaar kreierte. »Die meisten hätten woanders mehr
Geld machen können, aber Hans klopfte einem auf die
Schulter, und danach fühlte man sich so gut, dass man
vergaß, nach der Gehaltserhöhung zu fragen.«

Auch den italienischen Metallkünstler und Bild-
hauer Harry Bertoia, den Florence während ihrer
Zeit an der Cranbrook Academy kennengelernt hatte,
lockten die charismatischen Knolls mit einem Angebot, das der Künstler nicht ausschlagen konnte. Er
könne arbeiten, an was er wolle, und wenn dabei ein
Möbelentwurf herauskomme, umso besser, Knoll würde ihn produzieren, lautete die Ansage der beiden
Bosse. Der Pfeifenraucher Bertoia war äußerst experimentierfreudig, denn das Ergebnis waren die komplett
aus Drahtgittern geformten »Diamond«-Stühle, die
Knoll Associates 1952 einführte. Die Produktion der
extravaganten Sitzgelegenheiten war eine echte Herausforderung. Jeder Stuhl musste mit der Hand gefer-

tigt werden. Glücklicherweise rechtfertigte der Erfolg
dieser Metallkonstrukte den hohen Aufwand bei der
Herstellung.

Zu Knolls Verkaufsschlagern gehört bis heute
Mies van der Rohes »Barcelona Chair« aus dem Jahr
1929, dessen Verkaufsrechte sich Florence Knoll mit
großer unternehmerischer Weitsicht bereits 1948 sicherte. Der mit Leder gepolsterte Sessel war für den
deutschen Pavillon der Weltausstellung in Barcelona
konzipiert, heute findet man ihn in den Lobbys von
Banken, Hotels, Friseurgeschäften, Galerien und An-
waltskanzleien. Meist handelt es sich um Reeditionen,
die für einen Preis um 6000 Euro zu haben sind, während die frühesten Ausführungen bis zu 100 000 Euro
kosten können. Publikumsrenner waren außerdem
Eero Saarinens bequemer Armlehnensessel »Womb
Chair« und sein futuristischer einbeiniger »Tulip«-
Stuhl, dessen Form an eine Tulpenblüte erinnert.

In den ersten Jahren nach dem Zweiten Weltkrieg
gehörte die amerikanische Regierung zu den wichtigsten Auftraggebern der jungen Firma. Knoll Associates

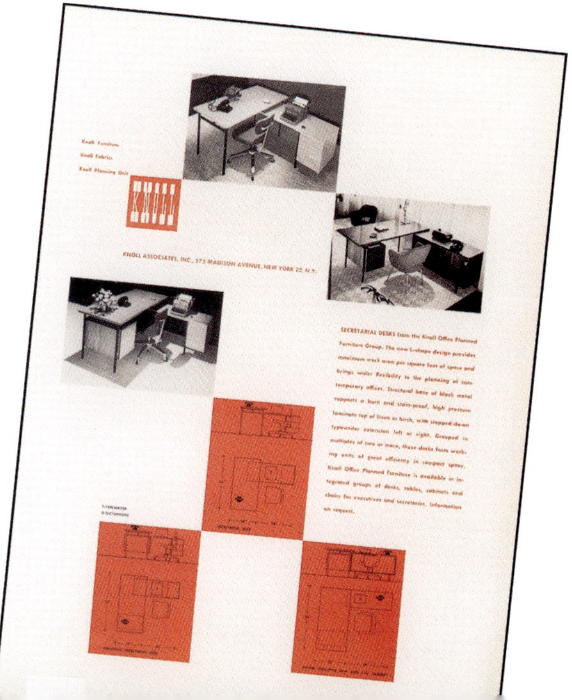

stellte Möbel für die in Europa stationierten amerikanischen Soldaten her. »Wir reisten von Stuttgart über Mailand bis nach Paris, um geeignete Produktionsstätten zu finden«, erinnerte sich Florence Knoll. In ihrer Rolle als Kreativchefin hatte sie sich zudem das Ziel gesetzt, die Kluft zwischen dem äußeren Erscheinungsbild moderner Bürogebäude der Nachkriegszeit und den konzeptlosen Inneneinrichtungen zu schließen, die sich meist durch einen wilden Mix verschiedenster Stile auszeichneten. Ein typisches Büro der Dreißiger- und Vierzigerjahre hatte meist hellgrüne Wände, dunkelgrüne Metallmöbel, und der Schreibtisch war immer diagonal zur Wand ausgerichtet. Florence Knoll setzte dagegen auf lichtdurchflutete Interieurs, nutzte Möbel wie schlichte Sideboards oder mit eleganten Stoffen bezogene Sofas als Raumteiler und setzte Akzente mit Gemälden und Skulpturen moderner Künstler wie Alexander Calder. In der offenen Gestaltung ganzer Büroetagen nahm Knoll mit ästhetischen Mitteln die sich in den Fünfzigerjahren allmählich vollziehende Demokratisierung der bis dahin streng hierarchisch gestalteten Bürokultur einfach vorweg. Die Einrichtung der Büros der Familie Rockefeller in der 56. Etage des Rockefeller Centers 1946 bestätigte eindrucksvoll den Ideenreichtum der jungen Firma und zog zahlreiche Folgeaufträge nach sich. Für viele Bürohäuser, Banken, Botschaften und Universitäten mussten neue Möbel entworfen und produziert werden, etwa für die Firma von Henry John Heinz, dem Gründer von Heinz Tomatenketchup.

Die ideale Inkarnation des typischen »Knoll-Stils« konnte man in den Fünfziger- und Sechzigerjahren in den Showrooms der Möbelfirma erleben. In ihrem ersten Ausstellungsraum an der Madison Avenue in New York separierte Florence Knoll die leger arrangierten Sitzgruppen durch Raumteiler aus Kirschholz oder Bambus. Die Bezugsstoffe für Sessel und Sofas ließ sie in Bahnen auf große Tafeln ziehen, während das Angebot von Vorhangstoffen an den Fenstern des Showrooms angebracht wurde. Knoll produzierte nun auch eine eigene Textillinie, für die sie die nach Amerika emigrierte Bauhaus-Künstlerin Anni Albers und den italienischen Grafiker Massimo Vignelli gewinnen konnte.

Büroeinrichtungskonzepte sind die Besonderheit von Knoll International

Als 1955 Hans Knoll bei einem Autounfall auf Kuba ums Leben kam, übernahm Florence bis 1965 allein die Leitung der Firma. Sie engagierte einen Geschäftsführer und kümmerte sich weiterhin um neue Entwürfe und deren Vermarktung, bei der sie von dem in der Schweiz geborenen Fotograf Herbert Matter unterstützt wurde, der die Werbemedien und Kataloge gestaltete. 1958 heiratete sie den in Florida beheimateten Banker Harry Hood Bassett. Von da an pendelte sie zwischen New York und Miami und nahm ihre Aufgaben oft aus der Entfernung wahr – ohne dass die Resultate ihrer Arbeit darunter litten. Sie gestaltete die Büros des *Look Magazins*, einen neuen Knoll Showroom in Los Angeles und übernahm die Inneneinrichtung des von Eero Saarinen erbauten CBS-Gebäudes, das 1965 in New York eingeweiht wurde. Danach zog sie sich aus der Firma zurück und arbeitete von Florida aus – wo sie bis heute lebt – freiberuflich als Interiordesignerin.

Büroeinrichtungskonzepte sind die Besonderheit von Knoll International geblieben, dessen Sitz nach Greenville, Pennsylvania, verlegt wurde. Immer noch im Angebot ist der von Florence Knoll entworfene ovale Schreibtisch für ihren Ehemann, der bei Bedarf auch als Konferenztisch genutzt werden kann.

Claudia Lanfranconi

»Nach so vielen schweren Stunden, die ich erleben musste,
überschüttet mich der Himmel mit Segen.«

Barbe-Nicole Clicquot-Ponsardin

Willensstarke Witwen

Barbe-Nicole 1777–1866
CLICQUOT-PONSARDIN

Zum Festessen kam bei ihr nur Champagner auf den Tisch, und natürlich nur der beste – der aus dem eigenen Haus. Barbe-Nicole Clicquot-Ponsardin war stolz auf das erlesene Getränk, das in ihren Weinkellern in Reims heranreifte. Schon mit achtundzwanzig Jahren war sie Witwe geworden und hatte entscheiden müssen, ob sie das Geschäft ihres Mannes weiterführen sollte. Skeptische Einwände aus ihrer Umwelt ignorierte sie – und stellte sich als erste Frau an die Spitze eines solchen Unternehmens. Fast vier Jahrzehnte steuerte sie es durch die unruhigen Zeiten der Herrschaft Napoleons, umschiffte geschäftliche Flauten und fand neue Wege für den Export, sodass an den Höfen und in den Salons von Moskau bis nach Amerika der Veuve Clicquot nie ausging.

Barbe-Nicole Ponsardin war gerade zwanzig geworden, als sie den drei Jahre älteren François Clicquot heiratete. Er kam wie sie aus Reims und entstammte einer Weinhändlerfamilie. In den jungen, offenen und intelligenten Mann verliebte sich Barbe-Nicole schon bald nach der ersten Begegnung, und da spielte es keine Rolle, dass die Clicquots weniger begütert waren als die Ponsardins. Nicolas Ponsardin, als dessen Tochter Barbe-Nicole im Dezember 1777 geboren wurde, hatte die von seinem Vater gegründete Spinnerei und Weberei zu einem florierenden Unternehmen gemacht und genoss in Reims hohes Ansehen. Er ließ sich ein repräsentatives Stadtpalais errichten, in dem Barbe-Nicole mit ihrem Bruder Jean-Baptiste und der Schwester Clémentine aufwuchs. Das prächtige Haus wurde für die drei allerdings in den unsicheren Zeiten nach dem Ausbruch der Französischen Revolution von 1789 zu einem goldenen Käfig. Der Vater, eigentlich Royalist, aber auch Geschäftsmann, arrangierte sich zwar mit den Revolutionären – so räumte er seinen Arbeitern mehr Rechte ein, wurde Mitglied des Jakobinerclubs und baute seinen Einfluss als Stadtrat und Vertreter des dritten Standes am Reimser Bezirksgerichts aus –, fürchtete aber dennoch um die Sicherheit seiner Kinder und stellte sie zu ihrem Schutz gleichsam unter Hausarrest.

Auch Philippe Clicquot, der Weinhändler, fürchtete um seinen Sohn. Der wurde von seinem Vater im Alter von achtzehn Jahren zu einem befreundeten Bankier nach St. Gallen geschickt und erlernte dort die italienische und die deutsche Sprache. Nach der Rückkehr aus der Schweiz scheute sein Vater weder Mühe noch Geld, um ihn vor dem Militärdienst zu bewahren. Mit dreiundzwanzig war François, das einzige Kind

von Philippe Clicquot und dessen Frau Françoise, bereits Juniorgesellschafter in der Firma seines Vaters – und hielt um die Hand von Barbe-Nicole an. Nach der Hochzeit zog diese in das Haus der Clicquots, wo sie 1799 ihre Tochter Clémentine zu Welt brachte.

Die clicquotsche Weinhandlung verkaufte damals überwiegend Rotweine, aber auch Weißwein und den *Vin mousseux*, den sogenannten Champagnerwein. Moussierenden Wein schätzte man schon zu früheren Zeiten, doch seit den Experimenten mit der Flaschengärung des Schaumweins durch den Benediktinermönch Dom Pérignon hatte er sich zu einem begehrten Luxusgetränk entwickelt. Dom Pérignon war um 1700 Cellarius (Kellerer) in der Abtei Saint Pierre d'Hautvillers bei Epernay in der Champagne, und so bürgerte sich im Lauf der Zeit der Name »Champagnerwein« ein.

Wenn das junge Paar Clicquot-Ponsardin abends beisammensaß, erzählte François seiner Frau von der täglichen Arbeit und den Problemen mit dem Weinbau, er nahm Barbe-Nicole mit auf seine Kutschfahrten durch die Weinberge und beriet mit ihr den Zukauf von neuen Anbauflächen. Barbe-Nicole war so immer gut informiert über die aktuelle Situation des Unternehmens. Wohl kaum ahnte sie, welche Bedeutung dies für ihr eigenes Leben bald haben würde. Im Oktober

1805 starb François Clicquot an »bösartigem Fieber«, auch Barbe-Nicoles hingebungsvolle Pflege in den ihm noch verbliebenen letzten zwei Wochen hatten den erst Dreißigjährigen nicht mehr retten können.

Verzweifelt über den frühen Tod seines Sohnes, erwog Philippe Clicquot den Verkauf des 1772 gegründeten Unternehmens; nach fast dreißig Jahren im intensiven Geschäftsleben sah er sich jetzt nicht mehr in der Lage, allein weiterzumachen. Eine Übergabe an seine Schwiegertochter? Daran dachte er nicht einmal. Doch Barbe-Nicole Clicquot-Ponsardin war nicht nur eine enge Vertraute ihres Mannes gewesen, sondern auch die Tochter eines erfolgreichen Geschäftsmanns, von dem sie früh gelernt hatte, was es heißt, eine Firma zu führen. Und sie besaß einen starken Willen.

Mit Unterstützung des erfahrenen Weinhändlers Alexandre Fourneaux, den sie als Teilhaber gewinnen konnte, setzte sich die Achtundzwanzigjährige an die Spitze des Betriebs, dessen Namen nun um die Bezeichnung »Witwe« – im Französischen *Veuve* – erweitert wurde. Einer ihrer engsten Mitarbeiter wurde Louis Bohne. Bohne, ein Deutscher, nicht viel älter als sie und ein ausgesprochenes Verkaufstalent, war schon für François als Handlungsreisender unterwegs gewesen. Das System, mit Vertretern zu arbeiten, kannten die Weinhändler in der Champagne bis dahin nicht. François hatte die Idee aus der Schweiz mitgebracht und beachtliche Erfolge damit erzielt. Barbe-Nicole machte Bohne nun zum Chefverkäufer und engagierte zudem weitere Vertreter, um in noch mehr Ländern als bisher präsent zu sein. Bohne standen schwere Zeiten bevor. Die politischen Entwicklungen nach 1789, die 1804 schließlich in die Kaiserkrönung Napoleons mündeten, hatten nicht nur den französischen Adel in Bedrängnis gebracht. Die Eroberungs-

züge Napoleons schüttelten ganz Europa kräftig durcheinander, das alte deutsche Kaiserreich zerfiel, neue Allianzen und Königreiche entstanden. Kriege aber kosteten viel Geld, sodass an so manchem Fürstenhof gespart werden musste – und damit auch am Luxusgetränk Champagner.

Barbe-Nicole gab niemals auf, verkaufte ihren Schmuck zur Aufstockung des Kapitals

Empfindlich gestört wurde der Handel darüber hinaus durch die 1806 von England angeordnete Kontinentalblockade gegenüber Frankreich, die es auch nicht mehr erlaubte, über den Ärmelkanal französische Waren nach Russland zu befördern. Obwohl ständig auf der Suche nach neuen Abnehmern und Transportwegen zwischen Preußen und Russland unterwegs, konnte Bohne nichts gegen die sinkenden Umsatzzahlen tun. Und angesichts der politischen Situation deutete wenig auf Besserung hin. 1810 stieg Fourneaux deshalb aus dem Geschäft aus. Barbe-Nicole aber gab nicht auf, zog nüchtern Bilanz, verkaufte ihren wertvollen Schmuck zur Aufstockung des Kapitals und informierte die Kunden über die Neugründung ihres Hauses »Veuve Clicquot Ponsardin«. Es ist der Markenname, den man noch zweihundert Jahre später kennt.

Die Durststrecke hielt bis Mitte des Jahrzehnts an; 1814 herrschten in Reims jedenfalls solch chaotische Verhältnisse, dass man von Optimismus weit entfernt war: Anfang des Jahres bezeugte man Napoleon zwar alle Ehren, als er auf seinem Rückzug von seinem verlorenen Russlandfeldzug in Reims übernachtete, wenige Tage später aber verschloss man die Weinkeller in der Stadt aus Angst vor Plünderungen durch russische Soldaten mit Mauersteinen. Mitte des Jahres wiederum

jubelte man in der Kathedrale von Reims dem neuen
französischen König Ludwig XVIII. zu. Barbe-Nicole,
die sich als clevere Geschäftsfrau aus politischen Din-
gen zwar heraushielt, schöpfte als dennoch scharfe Be-
obachterin der internationalen Entwicklung jedoch
neue Hoffnung. Bevor der Wiener Kongress 1815 seine
Beschlüsse fasste und unter anderem die Seeblockade
aufhob, gab sie Bohne die Order, in Le Havre ein Schiff
nach Russland zu chartern. Mit 10 000 Flaschen landete es in Sankt Petersburg, wo die wohlhabenden Russen
nach der langen Durststrecke dem Chefverkäufer das
begehrte Getränk förmlich aus den Händen rissen –
und Barbe-Nicole schickte die nächste Ladung aufs
Meer. Der »Klikovskoje« wurde zum beliebtesten Champagner bei der russischen Aristokratie; 73 000 Rubel
brachte allein dieser erste Verkauf ein. Barbe-Nicole
war überglücklich: »Mein Gott, welch ein Preis … Nach
so vielen schweren Stunden, die ich erleben musste,
überschüttet mich der Himmel mit Segen.«

Von nun an liefen die Geschäfte gut – oder besser
gesagt: ausgezeichnet. Ab und an gab es Lieferschwie-
rigkeiten, die jedoch durch den Zukauf weiterer Weinberge bald behoben werden konnten. Schwieriger war
der Kampf gegen Fälschungen, die nun europaweit in
Umlauf kamen. Fast immer handelte es sich dabei um
minderwertige Ware, was dem Ruf der Clicquot-Weine
schadete und der Konkurrenz nutzte. Allein in Reims
zählte man fünfundzwanzig Champagnerweinherstel-
ler, in Epernay fünfzehn und noch einige in den umliegenden Dörfern. Ärger löste die Markenpiraterie bei
der Witwe aber nicht nur wegen der geschäftlichen Folgen aus, als Weinbauerin strebte sie zeitlebens nach
höchster Qualität, verachtete schlechte Weine. Mit
Argusaugen wachte sie deshalb über die Produktion in
ihrem Haus und arbeitete mit ihren Kellermeistern
ständig an Verbesserungen. So wird ihr die Erfindung

des »Rütteltisches« zugeschrieben. In dem Tisch – der
Legende nach hatte der Esstisch von Madame für die
Versuchsreihe herhalten müssen – waren Löcher für
die Champagnerflaschen eingebracht, in die diese während des zweiten Gärvorgangs mit dem Flaschenhals
schräg nach unten gesteckt wurden. Dann mussten sie
über mehrere Monate täglich um eine halbe Drehung
bewegt werden. Durch dieses Rütteln sammelten sich
die Gärungsrückstände im Flaschenhals und waren
nun leicht zu entfernen. Der clicquotsche Champagner
war jetzt nicht mehr trübe, sondern klar, was seinen
Wert enorm steigerte.

1821 starb Louis Bohne. In die Trauer der Witwe
um den engen Freund mischte sich die Sorge, ob man
ein solches Verkaufsgenie überhaupt ersetzen könne.
Der Zufall aber führte ihr bald Édouard Werlé ins
Haus – gerade einmal zwanzig Jahre alt, doch zielstrebig, wie ihr schien. Sie stellte den aus Wetzlar kommen-
den Deutschen ein und hatte damit eine treffliche Entscheidung getroffen. Werlé entwickelte sich nicht nur
zu einem hervorragenden Organisationstalent und
ausgezeichneten Verwalter, sondern bewahrte sie auch

Veuve Clicquot
REIMS
JOCKEY-CL
grand vin
DEUTZ & GELD
Ay Champ

Jahre später mit seinem eigenen Geld vor einer finanziellen Katastrophe. Hineingeraten war sie, die sonst so lebenstüchtige Geschäftsfrau, in diese durch eine von niemanden nachzuvollziehende Leichtsinnigkeit gegenüber ihrem langjährigen Mitarbeiter Georg Kessler. Aus nie geklärten Gründen übertrug sie Kessler 1824 das Firmenvermögen – eine Entscheidung, die sie allerdings ein halbes Jahr später wieder rückgängig machte – und stieg auf dessen Rat hin in den Tuchhandel ein, der jedoch nur Verluste einbrachte. War Kessler vielleicht ihr Liebhaber? Wie dem auch sei, nach mehreren geschäftlichen Misserfolgen verließ der Mitarbeiter das Unternehmen Clicquot und baute im deutschen Esslingen eine eigene Schaumweinproduktion auf: »Kessler, die älteste Sektkellerei Deutschlands«, wie es heute heißt.

»Eine Frau, die Macht durch die Qualität ihres Champagners erreichte«

Madame Clicquot machte 1831 Édouard Werlé zu ihrem Teilhaber und bestimmte ihn zehn Jahre später zu ihrem Nachfolger. Er genoss ihr volles Vertrauen – und er enttäuschte sie nie. Als sie sich im Alter von sechsundsechzig Jahren aus dem Geschäft zurückzog, führte er das Unternehmen selbstständig und in immerwährender Loyalität gegenüber seiner Chefin und brachte es auch nach ihrem Tod zu weiteren Erfolgen.

Mit dem Rückzug aus der Firma begann für die Witwe Clicquot eine Zeit des Ausruhens und der Muße. In Reims wohnte sie wieder in dem Stadtpalais der Ponsardins, und im Sommer genoss sie ihren Ruhestand im Schloss Boursault, das inmitten der Weinberge bei Epernay stand. Schon 1819 hatte sie es für ihre Tochter und ihren Schwiegersohn Graf Louis de Chevigné erworben. Chevigné, dessen Eltern 1793 bei den Kämpfen der Royalisten gegen die Revolutionäre in der Vendée umgekommen waren, verfügte über kein Vermögen, aber er wusste zu leben, war geistvoll und legte großen Wert auf elegantes und repräsentatives Auftreten. Barbe-Nicole mochte den Grafen, auch wenn ihr selbst Äußerlichkeiten nicht so wichtig waren. In ihm hatte sie einen unterhaltsamen Gesprächspartner, und er machte ihre Clémentine glücklich. Vom Geschäft verstanden weder er noch ihre Tochter etwas, aber das war für Madame Clicquot nicht von Bedeutung. Sie freute sich, ihre Kinder, Enkel und Urenkel um sich zu haben, und ermöglichte ihnen ein sorgloses Dasein.

Chevigné liebte große Gesellschaften, und da Boursault dafür nicht genügend Raum bot, ließ Barbe-Nicole Clicquot-Ponsardin zwischen 1843 und 1848 nahe dem alten Gebäude ein wesentlich größeres Schloss im Neorenaissancestil mit einer fantastischen Aussicht auf das Marne-Tal errichten. Über der großen Eingangstreppe prangte die Inschrift »Natis mater« (in etwa: »Den Nachgeborenen eine Mutter«). Das neue Schloss wurde ihr in den letzten Lebensjahren der liebste Aufenthaltsort, hier residierte sie, geliebt und äußerst geachtet: »Ihre Züge sind zart und gleichzeitig voller Energie. Sie trägt ihr hohes Alter mit einem ganz speziellen Charme, und sie wirkt, als könne sie nichts aus der Fassung bringen. Man sieht, dass ihr Geist trotz der Bürde des Alters und körperlichen Schwäche immer noch der Herr im Hause ist. Sie ist eine Königin geblieben.« So beobachtete es ein Besucher wenige Wochen vor ihrem Tod. Am 29. Juli 1866 starb sie im Alter von achtundachtzig Jahren, »eine Frau, die Macht durch die Qualität ihres Champagners erreichte« – wie es noch einmal in einer Reimser Zeitung geschrieben stand.

Antonia Meiners

Anna
SACHER

1859–1930

Sie war eine Institution im Wien des Fin de Siècle. Unter ihrer Ägide wurde das Hotel Sacher zu einer der berühmtesten kulinarischen und gesellschaftlichen Adressen Europas. Hier gingen Erzherzöge ein und aus, übernachteten Könige, zählten bekannte Künstler zu den Stammgästen. Das illustre Treiben in den Chambres séparées lieferte immer genug Stoff für die Gerüchteküche und war noch Jahrzehnte später ein beliebtes Sujet für Operettendichter und Filmautoren. Achtunddreißig Jahre stand Anna Sacher an der Spitze des Hotels, vom Personal verehrt, dem sie mit ihrer tiefen, rauchigen Stimme kurze Ordres erteilte, von den Gästen wegen ihres ein wenig spröden Charmes und ihrer Diskretion geschätzt. Und fasziniert von ihrer exzellenten Küche, gerieten selbst die Gourmets der kaiserlichen Hofburg ins Schwärmen.

Exzellenz, Sie haben noch die Frau Sacher gekannt ...«, so beginnt ein Schlager aus den Fünfzigerjahren. Zu diesem Zeitpunkt lebte Anna Sacher längst nicht mehr, dennoch war sie für die Wiener unvergessen. In Romanen, zahllosen Veröffentlichungen verbürgter oder erfundener Anekdoten, einem Ballett und sogar mit einer Haarkreation gedachten sie der Prinzipalin, deren Ruhm dem ihrer Original Sacher-Torte in nichts nachstand. Anna Sacher war die Inkarnation von Wien, ja sogar von Österreich – im »Haus Österreich« regierte der Kaiser, hieß es damals, im »Hotel Österreich« die Sacher. Immer mehrere Französische Bullterrier um sich, von denen sie im Laufe ihres Lebens Hunderte in einem eigenen Zwinger gezüchtet haben soll, stets eine Zigarre im Mund – ihre Lieblingsmarke war Regalia Media der k.k. Tabakregie –, mit tiefer Stimme knapp befehlend oder charmant parlierend, das ist das Bild, das von ihr überliefert ist. Zweifellos war sie eine imposante Person, die ihren Erfolg aber in erster Linie ihren hervorragenden Qualitäten als Hotelmanagerin und Köchin verdankte.

Die Geschichte des Hotels Sacher begann eigentlich mit einer Torte, die Franz Sacher 1832 als Lehrling in der Küche von Fürst Metternich kreierte und womit er erstmals sein Können unter Beweis stellen konnte. Die Zubereitung von Desserts und Speisen blieb zeitlebens seine Leidenschaft, aber er war auch ein begeisterter Gastronom. Nach Beendigung seiner Lehre stand er zunächst in Häusern wie dem der Gräfin Esterházy am Herd, danach erweiterte er sein Metier und organisierte festliche Bankette, bewirtschaftete Offizierskasinos, betrieb ein Restaurantschiff und gründete schließlich in Wien einen Delikatessenladen, ein sogenanntes Traiteurgeschäft. Damit ließ sich gutes Geld verdienen, sodass er in der Lage war, seiner Familie ein schönes Leben und den Söhnen eine gute Ausbildung zu finanzieren. Eduard, sein Jüngster, war wie der Vater Gastronom mit Leib

und Seele. Nach einer Kochlehre und Wanderjahren, die ihn in die besten Hotelküchen von Paris und London führten, kehrte er 1864 an die Donau zurück, eröffnete ein eigenes kleines Restaurant und bald darauf ebenfalls einen Wein- und Delikatessenhandel. 1869 wurde unmittelbar davor das neue Opernhaus eingeweiht.

Schon zuvor hatte in Wien ein regelrechter Bauboom eingesetzt: Es entstand die über fünf Kilometer lange Ringstraße mit den prächtigen Stadtpalais, dem Burgtheater, Parlament, Rathaus und Universität. Doch angesichts der fünften Weltausstellung im Jahr 1873 kam es zu weiteren stadtplanerischen Maßnahmen, so wurde beispielsweise das Kärntnerthortheater abgerissen, und hier griff Eduard Sacher zu. Nur fünfzig Meter von seinem Restaurant entfernt sollte ein

Maison meublé errichtet werden. Mit finanzieller Unterstützung mehrerer Wiener Geschäftsleute entstand hier nach Sachers Bauplänen ein Gebäude im Renaissancestil. 1876 eröffnete er sein Hotel de l'Opera in der »Augustinerstraße 4, vis-à-vis der k.k. Hofoper, dem elegantesten und frequentesten Platze der Stadt, in unmittelbarer Nähe der k.k. Hofburg ... 120 Zimmer von fl.1 aufwärts, Appartements von fl. 6 aufwärts ... Bäder im Hause, Aufzugsmaschinen nach allen Stockwerken. Dejeuners, Diners und Soupers à la Carte und per Couvert ...«, wie es in den damaligen Anzeigen hieß. Das Restaurant enthielt dreizehn *Salons particulaires* – jene *Chambres séparées* nach Pariser Vorbild, die schon bald ihre von Pikanterie flankierte Rolle in der Wiener Lokalgeschichte spielen würden.

Im Frühjahr 1880, er war gerade neununddreißig geworden, heiratete Eduard Sacher die einundzwanzigjährige Anna Maria Fuchs. Über die Kindheit und Jugend der hübschen Fleischhauerstochter aus Leopoldstadt, einem seit 1850 eingemeindeten Bezirk der Donauhauptstadt, ist nicht viel überliefert. Wahrscheinlich ist jedoch, dass sie im Metzgereibetrieb ihres Vaters einiges gelernt hatte – Tafelspitz, das typische Wiener Gericht aus gekochtem Rindfleisch, avancierte nämlich unter ihr zum begehrtesten Gericht im Sacher. Die fesche, resolute Frau Sacher fand sich sehr schnell in dem neuen Metier zurecht und wurde ihrem Eduard bald eine unentbehrliche Stütze. 1882 brachte sie Tochter Annie sowie 1883 Sohn Eduard zur Welt, doch war sie selbst in diesen Zeiten immer im Hotel präsent. Sie kümmerte sich vornehmlich um die Gäste des Hauses, zu denen die höchsten Adelskreise aus den Kronländern der österreichischungarischen Monarchie gehörten; vor allem die ungarischen Familien hatten das intime Hotel hinter der Oper für sich entdeckt.

Bis zu vierhundert Torten
am Tag wurden bis nach Paris, London
oder Berlin verschickt

Die hervorragende Küche des Hauses, die vornehm zurückhaltende Atmosphäre und nicht zuletzt die aufmerksame Gastgeberin machten das Hotel somit zum Anziehungspunkt der Fürsten, Barone und Großgrundbesitzer, die in der Hauptstadt ihren Geschäften nachgingen. In der Wiener Gesellschaft waren die Kochkünste von Eduard Sacher aber nicht weniger beliebt. Mehr als dreißig Hilfsköche beschäftigte er sowie einen österreichischen und einen französischen Chefkoch, stets hatte er ein waches Auge darauf, dass in seinem Haus nur beste Qualität auf den Tisch kam. Darüber hinaus organisierte er festliche Galadiners in Klubs und Adelspalästen, so auch am Belgrader Hof von Milan I., dem König von Serbien. Und unter dem Sohn von Franz Sacher trat auch die Sacher-Torte ihren Siegeszug an. Bis zu vierhundert Torten verließen an manchen Tagen die Patisserie und wurden bis nach Paris, London oder Berlin verschickt. Sogar Kaiserin Elisabeth bezog eine der Schokoladentorten mit Marillenmarmelade, und das war 1891, jenes Jahr, in dem Eduard Sacher mit großem Aufwand sein fünfundzwanzigjähriges Berufsjubiläum zelebrierte. Es sollte das letzte große Fest sein, das er mit seiner Frau Anna feiern konnte. Im November 1892 starb er völlig unerwartet, seiner Witwe ein florierendes Unternehmen hinterlassend.

Wohl niemand von den Angestellten und Gästen zweifelte daran, dass Anna Sacher das Hotel de l'Opera allein weiterführen werde, an der Seite Eduards hatte sie längst die Fäden in der Hand gehalten. Doch einfach war das zunächst nicht. Die Konzession sowie der für die Werbung unentbehrliche Titel des Hoflieferanten – Eduard hatte ihn 1871 erhalten – lauteten auf den Namen ihres Mannes. Beides musste neu erworben werden. Mit Verve gelang ihr dies in kürzester Zeit, und von nun an leitete Anna unangefochten das Haus. Die Wiener nannten diesen Ort der Genüsse schon lange nicht mehr Opernhotel, sondern »gingen zum Sacher«, und so gab Anna dem Hotel auch offiziell diesen Namen. Die Sacher-Torte und das Hotel Sacher gehörten nun für jeden sichtbar zusammen.

Für Public Relation, wie man es heute nennen würde, hatte Anna Sacher einen sechsten Sinn. Hineingeboren in die Doppelmonarchie, mit dieser aufs Engste verbunden und dem Kaiser aufs Treueste ergeben, spürte sie intuitiv die Anziehungskraft, die entsprechende Devotionalien auf ihre Gäste ausübten. Das Bett, in dem Seine Majestät im Schloss Schwarzenau einmal übernachtet hatte, bildete den Mittelpunkt des Franz-Joseph-Zimmers. Weiterhin gab es das König-Milan-Zimmer, in dem der serbische Regent während seiner Wien-Aufenthalte nächtigte, und das Kron-

prinz-Rudolf-Zimmer. Dessen Interieur stammte aus dem Jagdschloss Mayerling, und zwar aus dem Gemach, in dem sich der Kronprinz 1889 zusammen mit seiner siebzehnjährigen Geliebten Mary Vetsera erschossen hatte; der Kaiser selbst soll die Übergabe der Möbel veranlasst haben.

Betreten hat dieser das Sacher jedoch nie, auch wenn er durch seine Geheimpolizei über die Eskapaden und Zusammenkünfte der habsburgischen Untertanen in den berühmt-berüchtigten Séparées bestens informiert war. Zum Kummer von Anna, denn zu gern hätte sie ein Autogramm von Kaiser Franz Joseph für ihre grandiose Idee des Prominententischtuchs gehabt. Auf diesem sammelte sie von den besonderen Gästen Autogramme, wobei jene mit einem auswaschbaren Stift auf den weißen Damast ihren Namen schrieben, den man anschließend mit farbigem Garn nachstickte. Die Mitte ließ Anna bis zuletzt für des Kaisers Signatur frei, die sie sich dann doch über einen Umweg besorgen musste: Auf Drängen Annas überredete die Hofschau-

spielerin und kaiserliche Freundin Katharina Schratt den alten Herrn, auf einem »Mundtücherl«, einer Stoffserviette, zu unterschreiben. Die fand schließlich eingenäht ihren Platz im Zentrum des Tischtuchs, das gleich einer Visitenkarte die Wand mit den zahlreichen Fotografien von den illustren Gästen ergänzte. Noch heute ist dieses Tuch – später folgten weitere – in einer Vitrine im Hotel Sacher zu bewundern. Dass Prominenz gleich einem Magnet weitere Gäste anzog, wusste Anna Sacher nur zu gut, besonders wenn es sich um Monarchen handelte.

Eine andere von ihren Leidenschaften war das Kochen, das sie zuerst mit Eduard teilte und nach dessen Tod mit ihrem Schwiegervater Franz – dem Erfinder der Original Sacher-Torte. Franz Sacher betrieb seit 1881 in Baden bei Wien ein Kurhotel, das einen ebenso exzellenten Ruf genoss wie das Sacher in der Stadt, und experimentierte auch noch im hohen Alter mit Begeisterung in seinem »kulinarischen Laboratorium«. Von ihren regelmäßigen Besuchen dort kehrte Anna immer zurück mit neuen Rezepten und Einfällen für ihren eigenen Betrieb. Der hatte aufgrund seiner einzigartigen Qualität lange Zeit keinerlei Konkurrenz zu fürchten. Wer einmal im Sacher zu Tisch war, schwärmte in höchsten Tönen von den köstlichen Speisen und pries das hohe Niveau dieser Küche.

»Der Herr im Haus bin ich«

Um die Nummer eins zu bleiben, bedurfte es aber ständigen Kümmerns, Organisierens, Kontrollierens. Anna war stets gegenwärtig, »autokratisch, temperamentvoll, den ganzen Tag hinter allem und jedem her. Wenn nötig, und das war oft der Fall, auch in der Nacht … Mit ihren Gästen pflegte sie vertraulichsten Umgang. Sie betreute sie aufmerksam, aber nicht unterwürfig, und wer nach dem Direktor des Hauses gefragt hatte, bekam zunächst eine Dame zu sehen und dann die Antwort: Der Herr im Haus bin ich.«

Das Hotel war Anna Sachers Leben – und in gewisser Weise erwartete sie Gleiches auch vom Personal. Wenn sie mit energischer Miene durchs Haus ging und jemand von den jungen Kellnern, den »blöden Buam«, zum Beispiel nicht spurte, setzte es schon mal Backpfeifen. Doch sorgte sie zugleich für ihre Leute, schenkte jungen Paaren zur Hochzeit eine Wohnungseinrichtung, kredenzte zu Jubiläen die feinsten Speisen im Sacher oder bezahlte Arztrechnungen für kranke Angestellte. Großzügig erwies sie sich auch gegenüber Söhnen aus besseren Häusern, die über ein knappes Taschengeld verfügten. War so ein junger Prinz »gerade nicht bei Kassa«, verbuchte sie seine offenen Rechnungen schon mal unter Verlust – mit der Gewissheit, dass die »Sacher-Buben«, wie sie genannt wurden, bald erwachsen und finanziell potente Gäste sein würden. Eine andere Art der Investition leistete sie sich gegenüber den Studenten der Kunstakademie, denen sie einen freien Mittagstisch gewährte. Viele von ihnen bedankten sich später mit einem Bild.

Die erfolgreichen Jahre, in denen der herrschaftliche Glanz der Monarchie dem Hotel Sacher eine so prunkvolle Zeit bescherte, endeten abrupt durch den Ersten Weltkrieg. Mit der Niederlage Österreich-Ungarns schrumpfte das einst so mächtige Kaiserreich zu einem »Rest«-Staat Österreich zusammen, und Wien – zwar noch immer Hauptstadt – war plötzlich ohne die Habsburger. Der Adel wurde abgeschafft, in der Republik hatten jetzt andere das Sagen. Die Inflation galoppierte, und statt Erzherzögen und Prinzessinnen drängte eine neureiche Klientel in die Hotelhalle des Sacher. Anna Sacher aber wollte festhalten an der alten Welt. So manchem nun verarmten Adligen gewährte sie Kredit:

»Was soll denn der arme Hascher machen? Arbeiten gehen? Das hat er doch nicht gelernt. Geben will ihnen auch niemand was. Also muss ich es tun. Ich, Anna Sacher. Wir sind an ihnen reich geworden, jetzt werden wir wegen ihnen nicht zugrunde gehen.«

Nur widerwillig stimmte sie solchen Neuerungen wie dem Engagement einer Jazzkapelle zu. Das war nicht mehr ihre Zeit. Am Ende verlor sie auch die Übersicht, und im März 1929 wurde sie von der Verwaltung des Hotels entbunden. Sie zog sich immer mehr zurück, wenige Menschen waren ihr geblieben: Ihre Tochter war schon 1902 gestorben, 1907 ihr Schwiegervater Franz Sacher, zwölf Jahre später ihr langjähriger Freund; Sohn Eduard hatte sich von ihr und dem Hotel abgewandt.

Am 25. Februar 1930 starb Anna im Hotel Sacher. Tausende folgten am Tag ihres Begräbnisses dem achtspännigen Leichenwagen, Zehntausende säumten die Straßen zum Dornbacher Friedhof. Sie alle trauerten um eine der berühmtesten Wienerinnen und wohl auch um eine versunkenen Epoche.

Antonia Meiners

Katharine
GRAHAM

1917–2001

Truman Capote lag ihr zu Füßen, die Kennedys zählte sie zu ihren Freunden. Michail Gorbatschow gab ihr ein Interview, und Prinz Abdullah von Saudi-Arabien öffnete mit ihr erstmals einer Frau aus dem Westen den Palast. US-Präsident Richard Nixon bot sie die Stirn, als sie den Startschuss für den Druck geheimer Pentagon-Papiere gab, und sie bewies ebensolche Courage, als sie sich in der Watergate-Affäre vor ihre Journalisten stellte. Ein halbes Leben widmete Katharine Graham der Zeitung und dem Unternehmen der »Washington Post«, in dem erst ihr Vater und später ihr Mann die Führung innehatten. Unter ihnen auf ein Dasein als »Maskottchen« reduziert, stieg sie, als sie das Unternehmen übernahm, wie Phönix aus der Asche auf zu einer der mächtigsten Frauen Amerikas.

Es geschah am 3. August 1963. An diesem Tag sollte sich alles im Leben der Katharine Graham ändern. Mit ihrem Mann Phil war sie zur Farm Glen Welby in Hume, Virginia, gefahren. Phil, manisch-depressiv, achtundvierzig Jahre alt, hatte die Klinik übers Wochenende verlassen können und sehnte sich, wie er sagte, nach der Ruhe auf dem Landsitz der Familie. Auf der Terrasse hatten sie zu Mittag gegessen, sich unterhalten und klassische Musik gehört. Katharine schöpfte wieder Hoffnung, nach all den schrecklichen Wochen der Krankheit schien Phil endlich einmal wieder glücklich zu sein. Doch wenige Stunden später tönte ein Gewehrschuss durchs Haus. In einem der Badezimmer fand Katharine ihren Mann, »so offensichtlich tot, dass ich nur noch ins Nachbarzimmer laufen und mein Gesicht in den Händen vergraben konnte«.

Mit dem Freitod ihres Mannes brach für Katharine eine Welt zusammen. Auch wenn ihre Ehe in den letzten Jahren von heftigen Krisen erschüttert worden war, so bildete Phil doch bis zuletzt das Zentrum ihres Lebens. Dreiundzwanzig Jahre lang hatte sie fast ausschließlich für diesen Mann existiert, sich ihm untergeordnet bis zur Selbstaufgabe – ein Schicksal, das im Einklang mit den gesellschaftlichen Normen jener Zeit stand, ihrem Wesen aber dennoch nicht zu entsprechen schien.

In einer überaus wohlhabenden Familie wurde Katharine als viertes von fünf Geschwistern am 16. Juni 1917 in New York geboren. Ihr Vater, der erfolgreiche Finanzmakler Eugene Meyer, entstammte einer angesehenen jüdischen Familie aus dem Elsass. Die Vorfahren der Mutter Agnes waren ebenfalls um 1860 nach Amerika immigriert, aus Norddeutschland. Beide hatten eine hervorragende Ausbildung bekommen und waren zeit ihres Lebens interessiert an politischen, gesellschaftlichen und künstlerischen Entwicklungen. Eugene Meyer ging bald als gefragter Finanzexperte der Regierung nach Washington, und die exzentrische Agnes arbeitete als Journalistin, widmete sich intensiv dem Studium chinesischer Kunst und zählte Persönlichkeiten aus Politik und Kunst in Amerika und Europa zu ihren Freunden. In der Erziehung ihrer Kinder hatte Bildung erwartungsgemäß eine herausragende Bedeutung. Musik, Literatur, Fremdsprachen, aber auch Sport wurden intensiv gefördert, Reisen nach Europa, auf der sie der Kultur der Alten Welt begegneten, gehörten selbstverständlich dazu. Die Erwartungen, insbesondere der Mutter, waren hoch, sowohl in Bezug auf die Leistungen als auch auf den gesellschaftlichen Erfolg. Das Normale war nicht gut genug, Mittelmaß kam nicht infrage. Reichtum, der im Hause Meyer zur Genüge herrschte, durfte kein Grund für ein bequemes Leben sein. Man könne nicht einfach ein reiches Kind sein, so argumentierte der Vater, sondern müsse »etwas dafür leisten, nämlich nützliche, produktive Arbeit verrichten«. Nichtstun war nicht gestattet.

Die begabte Mutter setzte Maßstäbe, denen sich die Kinder kaum gewachsen fühlten. Noch Jahrzehnte später hatte Katharine aufgrund dessen mit mangelndem Selbstbewusstsein zu kämpfen. Aus der Sicht der Mutter waren die Kinder jedoch allesamt glückliche, zweisprachige Überflieger. Dass sie, als sie noch klein waren, unter der Trennung von ihren Eltern gelitten hatten, kam ihr nicht in den Sinn. Erst nach der Geburt ihrer jüngsten Tochter Ruth im Jahr 1921 hatten die seit 1917 in Washington lebenden Eltern ihre fünf Kinder nachkommen lassen, bis dahin waren sie in der Obhut von Kindermädchen. Bei deren Wahl allerdings bewies

die Mutter eine glückliche Hand, denn sie vermittelten den Kindern das Gefühl menschlichen Kontakts, »ja, sogar der Liebe, was uns unsere Mutter vorenthielt«.

In Washington besuchte Katharine zunächst die Montessori-Schule, wo man sie ermutigte, eigene Interessen zu verfolgen. Nach drei Jahren konnte sie solche Dinge wie Radschlagen oder eurhythmische Tänze, hatte dafür aber zum Beispiel keine Ahnung von Mathematik. Der Wechsel aus dieser liberalen, ungezwungenen Umgebung der Montessori-Schule auf ein konventionelles Privatgymnasium für Mädchen bereitete der Achtjährigen erhebliche Probleme. Der streng strukturierte Tagesablauf, das vorherrschende konservative Klima schüchterten sie ein. Sie fühlte sich deplatziert, meinte anders zu sein als die anderen, litt einerseits unter der Angst, den Anforderungen nicht zu genügen, sparte andererseits nicht an Kritik gegenüber ihre Mitschülerinnen. Unweigerlich manövrierte sie sich so selbst in die Isolation – und begriff erst langsam: Um der Einsamkeit zu entgehen, muss man sich anpassen. Sie lernte, »in einer Welt zurechtzukommen, in die man hineingestellt wird«.

»Kay wird im Zeitungsgeschäft mal eine ganz Große«

Dem Gymnasium folgte wie bei allen Meyer-Töchtern der Besuch der von den Eltern großzügig unterstützten Madeira School in Virginia, nahe bei Washington. Die Gründerin dieser Highschool für Mädchen, Lucy Madeira, vertrat reformpädagogische Ansichten, bestand auf einer einheitlichen Schuluniform, diskutierte mit den Schülerinnen über soziale Gerechtigkeit und verkündete, dass Gott eine Frau sei. Durch die Mitarbeit an der Schulzeitschrift machte Katharine ihre ersten journalistischen Erfahrungen, offenbar mit Erfolg, denn im Jahrbuch ihrer Abschlussklasse war zu lesen: »Kay wird im Zeitungsgeschäft mal eine ganz Große.« Das waren beste Voraussetzungen für ein zukünftiges Familienunternehmen, denn am 1. Juni 1933 ersteigerte Eugene Meyer die *Washington Post*.

Die Öffentlichkeit reagierte zunächst skeptisch auf den neuen Besitzer, fürchtete, dass der Republikaner aus der Zeitung ein Parteiblatt machen wolle. Doch Eugene Meyer sah von Beginn an eine der wichtigsten

Aufgaben seiner Zeitung darin, der Demokratie zu dienen und der Öffentlichkeit die Wahrheit zu sagen. Gegebenenfalls auch um den Preis materieller Opfer, wenn es der Allgemeinheit diene. Und es dürfe keine Vertretung partikularer Interessen geben.

Diese Prinzipien eines unabhängigen Journalismus blieben für ihn immer bindend – wie später auch für seine Tochter Katharine. Den dafür überzeugendsten Beweis lieferte sie zu Beginn der Siebzigerjahre, als sie sich trotz heftiger Proteste der Nixon-Regierung und drohender Prozesse für die Veröffentlichung von Pentagon-Papieren über »Missbräuche von Regierungsvollmachten« entschied und ein Jahr darauf, 1972, die Aufdeckung des Watergate-Skandals durch die Reporter Carl Bernstein und Bob Woodward unterstützte.

Das erste Mal arbeitete Katharine in der *Washington Post* im Sommer 1934, direkt nach dem Abschluss der Highschool. Sie verbrachte die Ferien nicht wie gewohnt auf dem Landsitz ihrer Familie in Mount Kisco bei New York, sondern erledigte Hilfs- und Botendienste in der Frauenredaktion. Fortan ließ die Zeitung sie nicht mehr los. Im Vassar College, einem exklusiven Frauencollege in Poughkeepsie, das sie in den nächsten zwei Jahren besuchte, las sie täglich die *Post* und korrespondierte darüber mit ihren Eltern: »Ich kommentierte, ermutigte und kritisierte auch, was mir auffiel, während meine Eltern, speziell mein Vater, mir sehr detailliert über die hausinternen Vorgänge berichteten. So empfand ich mich weitgehend einbezogen in den Kampf zur Verbesserung des Blattes. Ein wenig zu meiner eigenen Überraschung – angesichts der Tatsache, dass ich mich damals selbst als ungebildet, weltfremd und ziemlich meinungslos empfand – war ich anscheinend doch zu eigenständigen Bewertungen und Verbesserungsvorschlägen für die Zeitung und das Gedruckte in der Lage.«

Es war eine Zeit des politischen Umbruchs in den USA. Nach der verheerenden Wirtschaftskrise von 1929 machte der demokratische Präsident Franklin D. Roosevelt deutlich, dass das System des ungebremsten Wirtschaftsliberalismus versagt habe und versprach der Nation einen New Deal, in dem auch die Arbeiterschaft einen gerechten Anteil am wirtschaftlichen und gesellschaftlichen Fortschritt haben sollte. Katharine wurde eine glühende Anhängerin Roosevelts, schrieb für die Campus-Zeitung und wurde Mitglied eines kommunistisch orientierten Clubs. Nicht gerade zur Freude der Eltern, die ihrer Tochter aber dennoch eigene Erfahrungen zugestanden. Ihr politisches Engagement setzte Katharine als Studentin an der University of Chicago fort, wo sie Amerikanische Geschichte sowie diverse Kurse in Wirtschaftswissenschaften belegte und wo sie an langen Abenden bei Bier erregte politische Diskussionen mit den Kommilitonen führte. In einem Seminar über die Situation von Arbeitgebern und Arbeitnehmern wurde sie mit den aktuellen Streiks der Stahlarbeiter konfrontiert,

in deren Verlauf es ihr als Tochter des Herausgebers der *Post* gelang, durch die Fabrik geführt zu werden und mit den Werktätigen zu sprechen. Erstmals spürte sie die Macht der Medien, bekam eine Ahnung von den Möglichkeiten, die sich den Zeitungsmachern boten. Sie war begeistert. Journalistin wollte sie werden – was lag da näher? »Kay, du solltest Zeitungsfrau werden«, schrieb auch die Mutter, und der Vater: »Wenn du nicht bald zur *Post* kommst, dann wird außer Routinearbeiten, um die erreichte Position zu halten, nichts mehr für dich zu tun sein ... Du solltest aber daran mitarbeiten, die *Post* an die Spitze zu bringen.« Nach dem Studienabschluss 1938 ging Kay für zwei Monate zu den *San Francisco News*, lernte die Praxis des täglichen Zeitungschreibens und startete dann im April 1939 für 25 Dollar in der Woche bei der *Washington Post*.

Sie erkämpfte sich Schritt für Schritt das Wissen und Können als Verlegerin und Konzernchefin

Es hätte so weitergehen können: eine erfolgreiche Karriere ohne Unterbrechung. Doch bis Katharine Graham an die Spitze des Zeitungsimperiums gelangte, vergingen mehr als zwanzig Jahre, denn nun begegnete ihr zunächst einmal Phil Graham. Dem »brillanten, charismatischen, faszinierenden, blitzgescheiten, sachorientierten, fleißigen, geistreichen und überraschend gut aussehenden« Harvard-Absolventen und Assistenten des Bundesrichters in Washington sagte man eine große Zukunft voraus. Und er wollte Katharine heiraten – vorausgesetzt, sie wäre mit zwei Kleidern zufrieden, denn sie müssten mit dem auskommen, was er verdiene. Phil stammte aus einer verarmten Familie und wollte keinesfalls vom Reichtum der Meyers abhängig sein. Am 5. Juni 1940 heirateten Phil und Katy in Mount Kisco. Eine Traumhochzeit. Es folgte eine glückliche Zeit für das junge Paar. Katharine lernte, bescheidener zu leben, schrieb, wenn Phil lange im Gericht zu tun hatte, Artikel für die Zeitung ihres Vaters, man traf sich mit Freunden, diskutierte. Und Phil brachte in das Leben seiner Frau »mehr Lachen, Frohsinn, Respektlosigkeit gegenüber Konventionen und mehr Originalität«.

Nachdem Roosevelt am 11. Dezember 1941 Hitlerdeutschland den Krieg erklärt hatte, beschloss auch Graham, Soldat zu werden. Im Juli 1942 absolvierte er verschiedene Ausbildungslager, und Katharine, die Soldatenbraut, zog ihrem Mann hinterher. In trostlosen Pensionen harrte sie tagsüber aus, um abends für zwei Stunden mit ihm zusammen sein zu können. Erst als das Multitalent Phil, der in kürzester Zeit bis zum Hauptmann aufstieg, vom Geheimdienst auf die

Philippinen abkommandiert wurde, kehrte sie nach
Washington zurück. Im Herbst 1945 kam dann auch ihr
Ehemann wieder endgültig heim – zu seiner inzwischen vierköpfigen Familie. Nach zwei Fehlgeburten
hatte Katharine im Sommer 1943 Tochter Elizabeth
(»Lally«) und im Frühjahr 1945 Sohn Donald (»Don«)
zur Welt gebracht.

Beeindruckt von den Qualitäten seines Schwie-
gersohns, bot Eugene Meyer diesem die Mitarbeit in
der Zeitung an. So begann Graham Anfang 1946 im
Alter von dreißig Jahren als stellvertretender Heraus-
geber der *Post*, um schon im Juni desselben Jahres als
Verleger die gesamte Verantwortung für das Blatt zu
übernehmen. Eugene Meyer wurde nicht enttäuscht.
Graham führte die Zeitung außerordentlich erfolgreich und sorgte durch Zukäufe weiterer Medienunternehmen für eine Expansion der Washington Post Company. Bereits Mitte 1948 überschrieb Meyer seiner
Tochter und ihrem Mann die Mehrheitsrechte an dem
Konzern, wobei Phil den Löwenanteil erhielt, denn –
wie der Vater erklärte – es sollte »kein Mann in die Lage
versetzt werden, für seine Frau zu arbeiten«. Dem
stimmte Katharine aus vollem Herzen zu.

In wenigen Ehejahren hatte sie sich anscheinend
ohne Mühe auf eine traditionelle Rollenverteilung eingestellt, aus der aufstrebenden Journalistin wurde eine
dienende Frau an der Seite eines machtvollen Mannes.
Sie brachte noch zwei Söhne zur Welt – 1948 William
und 1952 Stephen –, im Mittelpunkt ihrer Bemühungen
aber war Phil. Ständig für ihn da zu sein wurde Sinn
ihres Lebens. Phil hasste das Alleinsein. Dadurch war
Katharine, wenn auch nur am Rande, immer über die
Vorgänge in der *Post* informiert. Die Zeitung bestimmte
überhaupt beider Alltag. Sie engagierten sich gegen die
Rassendiskriminierung in den USA, zudem hatten sie
zum Beispiel enge Kontakte zu den Kandidaten der

Demokraten für die Präsidentschaftswahlen 1960, Lyn-
don B. Johnson und John F. Kennedy. Nicht zuletzt dank
der direkten Einflussnahme Phils soll Kennedy Johnson nach der Wahl zum Vizepräsidenten der USA gemacht haben.

Die Ehe der Grahams bekam in dieser Zeit dennoch Risse. In Alkoholexzessen verschaffte sich Phil
Luft von einer ständigen Überbeanspruchung, Wut-
ausbrüche folgten, bald auch Herabsetzungen seiner
Frau in der Öffentlichkeit. Süffisant und maliziös vorgetragen, machte er Katharine zum Gespött der Familie und der Gesellschaft – wenn er sie zum Beispiel
»Porky« nannte, nachdem sie etwas zugenommen hatte, und ihr das Firmenschild eines Metzgers mit einem
Schweinskopf für den Landsitz in Glen Welby
schenkte. Katharine aber nahm die Beleidigungen
nicht wahr, selbst dann nicht, wenn Freundinnen sie
darauf ansprachen. Erst Jahre später erkannte sie: »Je
älter ich wurde, desto schüchterner und befangener

wurde ich auch. Ich wusste immer noch nicht, wie ich am vorteilhaftesten aussah oder mich in gesellschaftlichen Situationen einigermaßen gewandt verhalten sollte. Ich hatte Angst, andere zu langweilen, und glaubte weiterhin, die Leute seien am Umgang mit uns allein Phils wegen interessiert ... Je präsenter er auf der journalistischen und politischen Bühne war, desto mehr sah ich meine Rolle als die seines Anhängsels – und je mehr ich das Gefühl hatte, in seinem Schatten zu stehen, desto mehr wurde dieses Gefühl zur Realität.«

Sie liebte den Journalismus und auch die Macht, die ihr nun in die Hand gegeben war

Doch es kam noch schlimmer. Phil wurde manisch-depressiv, begab sich in ständige psychiatrische Behandlung. Die Belastungen brachten schließlich auch Katharine an ihre Grenzen, aber ihr blieb keine Wahl: Phil brauchte sie. Selbst als er sie im Januar 1963 wegen einer Geliebten verließ, bot sie sich ihm als sein »Maskottchen« an, das immer für ihn da sei. Erst als er plante, sie mit der Scheidung aus der *Post* hinauszudrängen, hatte sie den Impuls, sich zu wehren. Nun allerdings mischte sich das Schicksal ein. Im Juni kehrte

Phil zu ihr zurück, hochgradig depressiv, und nur wenige Wochen später war er tot.

Katharine war jetzt sechsundvierzig Jahre alt und musste ihr Leben selbst in die Hand nehmen. Ihr Vater war 1960 gestorben, ihre Mutter hatte sich aus allen Geschäften zurückgezogen und hielt sich am liebsten auf einer Jacht im Mittelmeer auf. Am 20. September 1963 wurde Katharine Graham zur Präsidentin der Washington Post Company gewählt. Ihre Annahme, dass der Betrieb einfach so weiterlaufen würde wie bisher, erwies sich recht schnell als ein Irrtum. Nichts ging von alleine, und wie sich herausstellte war auch ihr Ehemann nicht so perfekt gewesen, wie sie stets gedacht hatte. Nur abwarten, bis die Kinder so weit sein würden, den Konzern zu übernehmen, das würde kaum funktionieren. Zögerlich ging sie an die Arbeit. Gleichsam wie eine verunsicherte Volontärin machte sie sich mit den Abläufen vertraut und erkämpfte sich Schritt für Schritt das Wissen und Können als Verlegerin und Konzernchefin. Sie überwand ihre Schüchternheit, stellte sich den Problemen und fand heraus, wie die Aufgaben von ihr – und nur von ihr – bewältigt werden konnten.

Je mehr sie arbeitete, desto erfüllender empfand sie ihre neue Tätigkeit. Sie liebte den Journalismus und auch die Macht, die ihr nun in die Hand gegeben war. Dass sie als Frau eine geradezu exotische Rolle in einer von Männern bestimmten Welt einnahm, verunsicherte sie zwar, es blieb jedoch ohne Auswirkung auf ihr berufliches Handeln. Als Anfang der Siebzigerjahre die Frauenbewegung immer stärker in die Öffentlichkeit drängte, setzte langsam ein allgemeines Umdenken ein. Auch Katharine erkannte, dass der Aufbruch der Frauen längst überfällig war – und engagierte sich dafür sowohl in der *Post* als auch im gesellschaftlichen Leben.

Nach und nach setzte sie all ihre Fähigkeiten und
Talente wieder frei, die durch die Ehejahre verschüttet
worden waren. Sie stellte kluge Berater in Sachen Finanzen ein, holte neue Leute an Bord der Zeitung, mit
denen sie ihre hohen Ansprüche eines freien Journalismus umsetzen konnte. Unternehmerischen Mut bewies sie 1971 mit dem Börsengang des Medienimperi-
ums. Der Skandal um die Pentagon-Papiere hatte schon
zu dieser Zeit begonnen – aber Katharine Graham verfügte sowohl über geschäftlichen als auch journalistischen Instinkt. Sie brachte die *Post* an die Spitze aller
großen Zeitungen in den Metropolen der USA und
machte aus dem vor der Pleite stehenden New Yorker
Nachrichtenmagazin *Newsweek*, das zur Company gehörte, einen liberalen Konkurrenten von *Time*.

Neben der *Washington Post* und *Newsweek* gehörten zudem zahlreiche andere Zeitungen, Fernseh-
sender und weitere Mediengesellschaften zum Verlags-
haus. 1988 wurde die Washington Post Company zu
einem der fünf am besten geführten Konzerne der USA
gekürt und Katharine Graham zur mächtigsten Frau
Amerikas. Bald darauf, 1991, übergab sie nach sieben-
undzwanzig Jahren die Leitung ihrem Sohn Don. Zu
diesem Zeitpunkt verbuchte die Company jährliche
Einnahmen von 1,4 Milliarden Dollar, 1963 waren es
noch 84 Millionen Dollar gewesen.

Nach ihrem Rückzug schien es Katharine Graham
angezeigt, Bilanz zu ziehen. 1997 erschien ihre Autobiografie »Wir drucken!« – eine sehr persönliche Geschichte und zugleich ein Spiegel des gesellschaftlichen Wan-
dels im 20. Jahrhundert. Hierfür erhielt sie 1998 den
Pulitzer-Preis. Drei Jahre später, am 17. Juli 2001, starb
sie im Alter von vierundachtzig Jahren nach einem
Sturz bei einer Medienkonferenz in Sun Valley.
Antonia Meiners

*»Das war der Zeitgeist damals, man wollte etwas tun,
das seltsam war, anders, um nicht zu sagen exzentrisch.«*

Miuccia Prada

Von der Haute Couture
bis zum Schnittmuster

Coco
CHANEL 1883–1971

Für jede Frau sind sie ein Begriff, unabhängig vom jeweiligen Zeitgeschmack: das »kleine Schwarze«, »Chanel N° 5« oder das »Chanel-Kostüm«. Sie wurden zu Chiffren in der Mode des 20. Jahrhunderts – und ihre Schöpferin laut dem amerikanischen »Time Magazin« zu den hundert einflussreichsten Personen dieser Epoche. Kaum vorstellbar, dass diese Lichtgestalt der Pariser Luxuswelt als Tochter eines Hausierers im Armenhaus geboren wurde und sich einst als kleine Näherin in der Provinz verdingte. Doch Kreativität, Vertrauen auf das eigene Können und Zielstrebigkeit machten aus der jungen Gabrielle, so ihr eigentlicher Name, Coco Chanel – eine der begehrtesten Couturières der Reichen und Schönen des vergangenen Jahrhunderts.

Das Leben musste noch etwas anderes zu bieten haben – davon war Gabrielle Chanel überzeugt, als sie, gerade zwanzig geworden, in Moulins mit ihrer gleichaltrigen Tante und besten Freundin Adrienne in Stellung kam. Viel Schönes hatte Gabrielle bis dahin nicht gesehen. Zur Welt gekommen war sie am 19. August 1883 in Saumur als zweite Tochter der jungen Jeanne Devolle und Albert Chanels. Der Vater, selbst aus einer Hausiererfamilie stammend, versuchte als Händler sein Glück und war die meiste Zeit auf Reisen. Wenn er dann zwischendurch mal bei Jeanne auftauchte, schwängerte er sie und zog danach wieder seiner Wege. Bis zum frühen Tod ihrer Mutter im Jahr 1895 war Gabrielle mit ihren fünf Geschwistern in den Armenvierteln wechselnder Orte zu Hause – später sollte Coco Chanel kein Wort mehr über diese Zeit verlieren, wie sie denn überhaupt ihre Herkunft verleugnete und immer neue Geschichten über ihr Elternhaus und ihre Jugend erfand.

Gabrielle war elf, als der Witwer Chanel sie und ihre jüngere Schwester Antoinette im Waisenhaus der Ordensschwestern von Obasine ablieferte. In der kargen Welt des Klosters brachte sie über sechs Jahre zu, anschließend schickten die Schwestern sie noch für zwei Jahre in das Pensionat Notre-Dame der Stiftsdamen von St. Augustin in Moulins, wo Gabrielle eine freie Schule besuchte und auch ihre Tante Adrienne, die Schwester ihres Vaters, wiedertraf. Nach dem Abschluss traten die beiden jungen Frauen ihre Stellung in einem Spezialge-

schäft für Aussteuer- und Babyartikel an. Doch Gabrielle wollte mehr. Sie nahm sich ein eigenes Zimmer, verdiente nebenher Geld mit Näh- oder Putzmacherarbeiten und schickte sich an, das andere Moulins mit seinen feschen Offizieren kennenzulernen. In der Rotonde, dem zentralen Tingeltangel der Garnisonstadt in der Auvergne, versuchte sie zunächst ihr Glück als Chansonette – und sie kam auch gut an beim zumeist männlichen Publikum. Man zollte der schönen jungen Frau viel Beifall – weniger ihrer wohl nicht sehr einschmeichelnden Stimme, als ihres reizvollen Äußeren wegen. Ihr Repertoire bestand aus zwei Liedern, dem Couplet *Ko Ko Ri*

Ko sowie dem Schlager *Qui qu'a vu Coco dans l' Troca-déro*, und bald hieß sie bei den Offizieren des 10. Jäger-regiments nur noch *»la petite Coco«*, die kleine Coco. Der Name Coco Chanel war geboren.

Das Jahr 1903 war eine Zeit, die einem Mädchen wie ihr nicht viele Möglichkeiten bot, der Armut zu entkommen. So ergriff Coco – ohne weitere Aussicht auf eine Gesangskarriere – die sich bietende Chance einer anderen Art des Aufstiegs: Sie wurde die Mätres-se des reichen Erben Étienne Balsan. 1906 zog sie mit ihm auf sein Schloss Royallieu im Arrondissement Compiègne, entdeckte ihre Liebe zu Pferden und ge-noss wohl zum ersten Mal ein unbeschwertes Dasein. Hier öffnete sich ihr eine neue Welt: Balsan brachte ihr das notwendige Wissen über Etikette bei, über ihn schloss sie Freundschaften mit Frauen und Männern der Pariser Gesellschaft, und in Royallieu lernte sie auch den wohlhabenden Briten Arthur »Boy« Capel kennen, der bis zu seinem Tod 1919 zu einem der wich-tigsten Begleiter Cocos wurde.

Männer sollten in ihrem Leben immer eine bedeu-tende Rolle spielen. Es gab zahlreiche Liebhaber, zu denen unter anderem Igor Strawinsky gehörte, Groß-fürst Dmitri P. Romanow – ein Neffe des letzten Zaren –, der Dichter Pierre Reverdy, der Designer Paul Iribarne-garay, »Iribe«, und während der deutschen Besetzung auch ein Offizier des Reichspropagandaministeriums in Berlin. Sie liebte die Männer, und die Männer liebten sie. Dennoch war Coco Chanel nie verheiratet, obwohl sie immer wieder die Hoffnung hegte, mehr als nur die »Illegitime« zu sein. Aufgenommen zu werden in die englische Aristokratie war ihr erstrebenswertes Ziel. Doch sowohl Arthur Capel als auch der Herzog von Westminster, mit dem sie Ende der Zwanzigerjahre liiert war, enttäuschten sie. Beide Herren heirateten stattdessen Damen aus der englischen Oberschicht.

Dennoch, die Liebschaften füllten nur einen Teil von Cocos Leben aus. In ihrer eigentlichen Bestim-mung machte sie sich zur bekanntesten Couturière des Jahrhunderts. In Modesachen zeigte Coco Chanel von Beginn an einen eigenwilligen Geschmack. In einer Zeit, in der sich die Damen in Korsetts und enge Kleider zwängten, die nur mithilfe ihrer Kammerfrauen oder ihrer Liebhaber auf- und zugeknöpft werden konnten und in denen sie auf engen Schuhen mit hohen Absätzen unter langen Röcken durch die Gegend stolzierten, strebte Coco nach Einfachheit. Sie verzichtete auf Perlen und auf Spitzen, Rüschen, Schleifen und Volants an den Kostümen, ritt in Royallieu als Erste nicht mehr im Damensitz, sondern im Herrensitz in praktischen Hosen, und sie liebte es, zu ihrem Kurzhaarschnitt Strohhüte zu tragen.

Von der Mode forderten die Frauen Bequemlichkeit und Bewegungsfreiheit

Mit Hüten begann auch ihre Karriere. Sie entfernte aufgetürmten Putz und alles Federzeug, formte die üblichen Kopfbedeckungen ein wenig um und wartete so mit völlig neuen Kreationen auf. Die auf Schloss Royallieu verkehrenden Freundinnen aus der Pariser Gesellschaft waren begeistert von diesen schlichteren Varianten und wollten mehr davon, da sie in der Hauptstadt mit diesem außergewöhnlichen Kopfschmuck Aufsehen erregen konnten. Étienne Balsan stellte Coco seine Pariser Junggesellenwohnung auf dem Boulevard Malesherbes als Atelier zur Verfügung, und schon ein Jahr später waren die Räume für die vielen Kundinnen zu klein geworden. 1910 eröffnete Coco dank der finanziellen Unterstützung ihres neuen Liebhabers Arthur Capel ihren Salon in der Rue Chambon Nr. 21 – und drei Jahre darauf einen weiteren Hutladen in dem Luxusbadeort Deauville an der normannischen Küste.

In Deauville errang sie ihre ersten Erfolge als Modeschöpferin mit einem Modell, das in seinem Schnitt an eine Matrosenbluse und durch seinen Stoff – englischen Jersey – an die Pullover der Stallburschen erinnerte. Der lockere Sitz machte das Korsett überflüssig, geradezu ideal für das ungezwungene Leben im sommerlichen Seebad. Noch waren es nur einige exzentrische Pariserinnen oder Engländerinnen, die sich solchen außergewöhnlichen Kleidungsstücken gegenüber aufgeschlossen zeigten, doch dauerte es nur kurze Zeit, bis das neue Jahrhundert auch die Mode revolutionierte.

Der 1914 beginnende Erste Weltkrieg veränderte das Leben der Frauen. Ohne die Männer, häufig auf sich gestellt, wurden sie selbstbewusster und aktiver. Von der Mode forderten sie Bequemlichkeit und Bewegungsfreiheit. Die ermöglichte ihnen Coco Chanel. Zwar hatten schon vor ihr Paul Poiret gerade geschnittene Kleider ohne Korsett und Jean Patou sportliche Outfits entworfen, auch mit einem Kurzhaarschnitt hatten sich schon andere vor ihr gezeigt – doch Coco Chanel selbst personifizierte die neue Frau und die neue Mode.

Im zweiten Kriegsjahr, wieder mithilfe von Capel, eröffnete Coco in dem Badeort Biarritz an der französischen Atlantikküste nun ein Modehaus. Damals hieß es in Frankreich: »An der Front sind die Leidenden, in Paris die Schwätzer, in Deauville die Wartenden, in Biarritz die Nutznießer.« Dort also gab es

sie noch, die vermögende Kundschaft – außerdem war die begüterte spanische Oberschicht nicht weit entfernt. Der Plan ging auf, binnen weniger Monate beschäftigte Coco Chanel in ihrem Biarritzer Atelier über sechzig Näherinnen. Fortan pendelte sie zwischen Paris und Biarritz, verlegte aber bald die gesamte Produktion nach Paris – 1916 arbeiteten bereits dreihundert Näherinnen für sie – und belieferte von hier ihre Boutiquen in Deauville und an der Atlantikküste.

Coco Chanel hatte es geschafft. Sie war eine unabhängige, vermögende Frau. Sich vom Gedanken einer Ehe mit Capel verabschiedend, der inzwischen in England auf Brautschau ging, zahlte sie all ihre Schulden zurück und baute ihr eigenes Leben auf. Zwar trennten sich Coco und »Boy« bis zu dessen tödlichem Unfall und trotz seiner Ehe nie ganz, aber Coco genoss von nun an das Leben in Paris mit ihren zahlreichen Freunden und auch Liebhabern. Berühmte Künstlerinnen und Frauen der Zeit wie die Opernsängerin Marthe Dovelli, die Schauspielerinnen Gabrielle Dorziat, Cécile Sorel und Misia Sert, einst Malermuse von Pierre-Auguste Renoir und Paul Bonnard und verheiratet mit dem polnischen Komponisten Tadeusz Natanson, trugen Chanel-Kleider. Über solche Kundinnen lernte Coco die interessantesten Künstler kennen, und bald zählte sie einige von ihnen zu ihren Freunden, darunter Jean Cocteau, Pablo Picasso, Juan Gris, Henri Laurens und Sergej Diaghilew, der mit seinen Ballets Russes in Paris Triumphe feierte. Für die Aufführung der »Antigone« im Jahr 1922 – Inszenierung: Jean Cocteau, Musik: Arthur Honegger, Bühnenbild: Pablo Picasso, in der Rolle des Kreon: Antonin Artaud – entwarf sie die Kos-

tüme, ebenso für Diaghilews Umsetzung der Operette »Le Train bleu« von Darius Milhaud drei Jahre später. Ihr Landhaus Bel Respiro in dem Pariser Vorort Garches wurde zu Beginn der Zwanzigerjahre zum Treffpunkt ihrer Freunde, hier gewährte Coco dem ständig unter Geldnot leidenden Igor Strawinsky und seiner Familie über zwei Jahre Asyl, und hier fiel auch schon mitten in der Nacht Cocteau mit seinen Freunden ein, denen sie nicht nur einmal eine Entziehungskur finanzierte. Coco Chanel schätzte die Künstler wegen ihrer Kreativität, und auch sie liebten die exzentrische Coco, »… ihre Wutanfälle, ihre Boshaftigkeit, ihre Übertreibungen und auch ihre liebenswerten Seiten wie ihren Humor und ihre Großzügigkeit, was alles zusammen eine einmalige Persönlichkeit aus ihr machte, rührend, anziehend, abstoßend, exzessiv … kurzum menschlich«. So schrieb einst Cocteau über sie.

Sie war die erste Couturière, die einen Duft mit ihrem Namen verkaufte

Cocos Schöpfertum selbst war weniger von einem künstlerischen Impetus bestimmt als von den Bedürfnissen der modernen Frau. In deren Dienst sah sie sich als »Arbeiterin«, nicht als Künstlerin. Übrigens zeichnete Coco niemals Entwürfe auf Papier, ihre Kreationen entstanden immer am Modell. Am Körper drapierte, steckte und schnitt sie die Stoffe.

Anfang der Zwanzigerjahre gelang Coco Chanel – in finanzieller Hinsicht – der ganz große Wurf. Sie brachte das Parfum »Chanel N° 5« auf den Markt; etwa 15 Millionen Dollar sollte sie damit insgesamt verdienen. Sie war die erste Couturière, die einen Duft mit ihrem Namen verkaufte, und erstmals wurden synthetische Ingredienzien beigemischt, die seine Beständigkeit wesentlich verbesserten. Bis dahin hatte es lediglich

schnell verfliegende Blumenparfums aus natürlichen Stoffen gegeben. Neu war auch die strenge Form des Flakons, die der klaren Linienführung der Chanel-Mode entsprach, für die das »kleine Schwarze« exemplarisch werden sollte. Die amerikanische Ausgabe der *Vogue* kürte es 1925 zum Kleid für jede Gelegenheit: ein Kleid ohne Kragen und Bündchen, aus schwarzem Crêpe de Chine, mit langen, sehr engen Ärmeln, blusigem Oberteil bis zu den Hüften und anliegendem Rock.

Ihre Ateliers hatte Coco Chanel inzwischen in die Nr. 31 der Rue Cambon verlegt, wo sie sich noch heute befinden. Ihre Wohnungen und Villen hingegen wechselte sie häufiger, bis sie sich 1934 endgültig im nur wenige Schritte von ihren Geschäftsräumen entfernten Hotel Ritz niederließ. Hier erlebte sie den großen Streik von 1936, an dem auch ihre inzwischen viertausend Angestellten teilnahmen. Verständnis für ihre Näherinnen hatte Coco Chanel jedoch keineswegs, vielmehr zeigte sie sich empört und enttäuscht. Vielleicht war sie auch schon alles leid, denn drei Jahre später verkündete sie überraschend die Schließung sämtlicher Ateliers und Produktionsstätten. Sie zog sich aus dem gesellschaftlichen Leben zurück und brach sogar die noch locker bestehenden Beziehungen zu ihren Geschwistern ab.

Das Ritz blieb weiterhin ihr Zuhause, selbst als die Deutschen es nach dem Einmarsch in Paris 1940 in Besitz nahmen. Es war der Anfang einer merkwürdig undurchsichtigen Zeit im Leben Coco Chanels. Sie begann eine Liaison mit dem deutschen »Presseattaché« Hans Günther von Dincklage und geriet über ihn in Kontakt mit dem deutschen Geheimdienst. Unter dem Decknamen »Operation Modellhut« plante sie, Englands Premierminister Winston Churchill, dem sie über Capel schon einmal begegnet war, zu einem Friedensschluss mit Hitlerdeutschland zu überreden. Dieses Vorhaben jedoch scheiterte, da das Treffen in Madrid nicht zustan-

de kam. Mithilfe ihrer deutschen Freunde versuchte sie in diesen Jahren weiterhin, sich bestimmte Anteile am Verkauf von »Chanel N° 5« zurückzuholen, über die sie sich einst vertraglich mit der inzwischen nach Amerika emigrierten jüdischen Familie Wertheimer geeinigt hatte. 1944 war der deutsche Spuk in Paris zu Ende. Coco Chanel, der Kollaboration beschuldigt, wurde verhaftet, dank ihrer Beziehungen jedoch wieder freigelassen. Danach aber zog sie es vor, in die Schweiz zu gehen, wo sie noch einige Zeit mit Dincklage zusammenlebte.

Erst 1953 kehrte Coco Chanel nach Paris zurück. Sie war siebzig Jahre alt und des Nichtstuns überdrüssig. Im Februar 1954 präsentierte sie nach Jahren erstmals wieder eine Kollektion. Es wurde ein Fiasko. »Fantasielos und provinziell« – so lauteten die Urteile. Das Ende schien gekommen. Doch aus Niederlagen war Coco schon früher gestärkt hervorgegangen. Sie brauchte ein Jahr, um den Misserfolg zu verdauen und erneut den Jubel der Schönen und Reichen zu ernten. Chanel wurde erneut zum Begriff der Eleganz, und das Chanel-Kostüm, das sie jetzt auf den Laufsteg brachte, eines ihrer erfolgreichsten Modelle. Alle trugen es – von Romy Schneider über Shirley MacLaine bis zu Jacqueline Kennedy. Noch siebzehn Jahre spielte Coco Chanel ganz oben mit, blieb die Königin der Pariser Haute Couture. Am 10. Januar 1971, es war ein Sonntag, und sie arbeitete nicht, fand man sie tot auf ihrem Bett im Hotel Ritz.

Antonia Meiners

Aenne
BURDA 1909–2005

Deutschland 1949. Es ging aufwärts – nach der Währungsreform und der Gründung der Bundesrepublik endete auch langsam die entbehrungsreiche Nachkriegszeit. Der umgearbeiteten grauen Militärmäntel überdrüssig, sehnten sich die Frauen wieder nach schönen Kleidern – genau der richtige Zeitpunkt für eine Modezeitschrift, die Aenne Burda in dem kleinen Schwarzwaldort Lahr bei Offenburg gründete. Mit den Burda Moden kam der neueste Look direkt ins Haus, denn in den Heften konnte man die schicken Blusen und Röcke nicht nur ansehen, sondern dank der Schnittmusterbogen auch selbst nachschneidern. Ein Konzept, das aufging und Aenne Burdas Verlag nicht nur binnen kürzester Zeit zu einem der erfolgreichsten Medienunternehmen der Bundesrepublik machte, sondern auch weltweit Erfolge feierte.

Aenne Burda sorgte mit den Schnittmustern in den Heften dafür, dass jede Frau ein modisches Kleid preiswert nähen konnte.

Bis vierzig war ich Hausfrau und Mutter. Mit vierzig wurde ich Verlegerin. Und heute, vierzig Jahre später, ist *Burda Moden* die größte Modezeitschrift der Welt« – so die Worte Aenne Burdas anlässlich der Verleihung der Jakob-Fugger-Medaille, die ihr 1989 als Achtzigjährige für hervorragende Verdienste um das Zeitschriftenwesen vom Verband der bayerischen Verleger überreicht wurde. 120 Länder waren es nun, in denen *Burda Moden* mit einer Auflagenhöhe von insgesamt 2,5 Millionen Exemplaren verkauft wurde. Zwei Jahre zuvor war ihr einer der größten Coups in der internationalen Medienwelt gelungen: Als erste westliche Zeitschrift erschien *Burda Moden* in der Sowjetunion in russischer Sprache. Aenne Burda war dazu selbst nach Moskau gereist, und von ihrem Treffen mit Raissa Gorbatschowa hatten die Zeitungen weltweit in großer Aufmachung berichtet. Aenne Burda stand damals im Zenit ihrer Karriere. Man kannte sie in Mailand, in Paris und in New York. Karl Lagerfeld zählte zu ihren Freunden, von Andy Warhol wurde sie porträtiert, und Eliette von Karajan war ihr eine enge Vertraute. Sie genoss das Dasein inmitten der Schönen und Reichen, traf sie in allen Gegenden der Welt, lud sie ein in ihre Häuser auf Sizilien, in Antibes oder Salzburg und tanzte mit ihnen auf der von ihr in München ausgerichteten legendären Ballveranstaltung, dem Bal paré. In der High Society fühlte sie sich zu Hause. Sie führte das luxuriöse Leben, nach dem sie sich schon als junges Mädchen gesehnt hatte – ein Wunsch, den sich die Tochter des Lokomotivheizers Franz Lemminger aus Offenburg kraft ihres Ehrgeizes, ihrer Disziplin, durch Fleiß und ihre scheinbar unerschöpfliche Energie eigenständig erfüllt hatte.

Dass sie einmal Herrscherin über ein Zeitschriftenimperium sein würde, war der kleinen Anna Magdalene Lemminger nicht vorgezeichnet, als die sie am 28. Juli 1909 in Offenburg geboren wurde. Doch dass sie anders war als andere Kinder, spürte man bald. Nicht gottesfürchtig und bescheiden gab sie sich, wie von ihrer frommen Mutter verlangt, sondern eigenwillig und fordernd. »Ich will« – diese Worte hatten für sie das ganze Leben lang eine große Bedeutung. Noch im hohen Alter war sie davon überzeugt: »Wenn ich etwas will, dann schaffe ich das auch.« Unbeirrt glaubte sie schon früh daran, »etwas Besseres« zu sein. Sie bestimmte gern über andere Kinder, und wenn es nicht so klappte, wie sie es wollte, setzte es Backpfeifen. Auch später, unter den Verlagsangestellten, waren ihre Zornesausbrüche gefürchtet. Da flogen schon mal Aschenbecher oder Telefone durch die Gegend, wenn die Chefin wütend war.

Mit den bescheidenen Verhältnissen ihres Elternhauses gab sich das Mädchen Anna Magdalene jedenfalls nicht zufrieden. Verständnis fand sie beim Vater, der seiner hübschen Tochter mit den dicken schwarzen Zöpfen und deren jüngerer Schwester Wilhelmine nichts abschlagen konnte. Von ihm bekamen sie die Liebe, die die verschlossene Mutter nicht zu geben vermochte. Der Vater stimmte nach langem Bitten einem Wechsel von der Volksschule auf die Klosterschule »Unserer lieben Frau« zu. Dorthin schickten die wohlhabenden Offenburger Bürger ihre Töchter, dorthin zog es Anna – auch wenn das Schulgeld dafür den Etat des Lokomotivheizers überstieg. An dieser pädagogischen Einrichtung legte sie 1926 die Mittlere Reife ab und beendete ein Jahr darauf die Höhere Handelsschule als Klassenbeste. Sie begann eine Lehre im Elektrizitätswerk der Stadt, ließ sich die Zöpfe abschneiden und trug als eine der ersten Offenburger Mädchen den hochmodischen Bubikopf. Inzwischen hatte sie sich verliebt, in Philipp, der sie zärtlich »Ännchen« nannte und ihr Lieblingslied *Ännchen von Tharau* mit ihr sang. Um ihn weinte sie viele Tränen, als er von seiner Firma nach Amerika geschickt wurde; aber von nun an war sie auch die »Aenne«. In die Träume vom Liebsten in der Ferne drang dennoch bald ein anderer ein: ein junger Doktor der Volkswirtschaft, Sohn des Offenburger Druckereibesitzers Franz Burda, von dem sie im Auftrag des Elektrizitätswerks Schulden eintreiben musste. Der gleichnamige Sohn hatte große Pläne – er wollte nach oben. Das imponierte Aenne. Und er liebte die Musik, erklärte ihr die »Matthäus-Passion«, fuhr mit ihr regelmäßig zu Konzertbesuchen nach Baden-Baden. Das faszinierte sie. Ostern 1930 verlobten sie sich, am 9. Juli 1931 heirateten sie. Aenne Burda war jetzt »Frau Doktor«, bald auch »Gnädige Frau«, denn die Druckerei ihres Mannes, der diese in der Zwischenzeit von seinem Vater übernommen hatte, florierte.

Sie war die perfekte Ehefrau: Im Haushalt lief alles picobello, als Gastgeberin war sie unschlagbar mit ihrem Charme, und sie liebte es, gut auszusehen. Sie zähl-te zu den bestangezogenen Frauen Offenburgs. Als im Mai 1932 Franz jr. geboren wurde, stellte man ein Dienstmädchen und eine Kinderschwester ein. Frau Burda genoss das Leben an der Seite ihres Mannes, die gemeinsamen Reisen, den Wohlstand und das gesellschaftliche Ansehen. Im Mai 1936 kam Sohn Frieder zur Welt und im Februar 1940 Hubert; er sollte 1993 den Verlag Aenne Burda weiterführen.

Den New Look aus Paris – Aenne Burda wusste, ihn wünschten sich auch die Frauen, die sich keine Haute Couture leisten konnten

In den Kriegsjahren allerdings erhielt die heile Welt der Aenne Burda einen Riss. Schuld daran waren nicht die Bombenangriffe, bei denen sie mit ihren Kindern in den Keller flüchten musste und schließlich aus Offenburg evakuiert wurde, sondern die Untreue ihres Mannes. Im Herbst 1940 wurde sie mit einer unehelichen Tochter Franz Burdas konfrontiert, und wie Aenne bald erfahren musste, gab es nicht nur eine Geliebte. Eine Trennung allerdings kam nicht infrage, oberstes Gebot war für beide Partner der Erhalt der Familie. Dabei blieb es auch in den nächsten Jahrzehnten – trotz der Beziehungen, die nun Aenne ganz ohne Gewissensbisse einging. Selbst dann noch, als sie für sich und ihren Sizilianer Giovanni Ende der Fünfzigerjahre eine Villa in Taormina einrichtete.

Machte all dies das Ehepaar Burda eher glücklich oder unglücklich? – »Das waren beide Büffel«, so sagte es einmal Hans-Dietrich Genscher, ein langjähriger Freund der Familie, »ganz starke Persönlichkeiten.« In ihrem Streben nach Erfolg waren sie sich einig. Gleichermaßen ehrgeizig wussten sie, was sie aneinander hatten. Franz war offen, an allem interessiert, kannte

sich aus in Musik und Malerei, Wirtschaft und Politik; er liebte die Natur und die Jagd. Aenne war schön, charmant, klug und eine überaus unterhaltsame Gastgeberin und Gesprächspartnerin. Zu gesellschaftlichen Anlässen wie dem Bal paré oder der Bambi-Verleihung bildeten sie das perfekte Paar, und zu familiären Ereignissen fanden sie immer wieder zusammen – auch wenn Weihnachten regelmäßig die Fetzen flogen, wie die Söhne berichteten. Im Nachhinein äußerte Aenne Burda einmal: »Hätte ich einen Mann gehabt, der mich so geliebt hätte wie ich ihn zu Beginn geliebt habe, nie hätte ich *Burda Moden* gemacht. Ich wäre in der Familie glücklich gewesen.« Wahrscheinlicher ist wohl, dass sie irgendwann ihrem Tatendrang nachgegeben und dennoch ein eigenes Betätigungsfeld gefunden hätte.

Die Gründung ihres Verlags war jedoch unmittelbare Folge einer Ménage-à-trois. Die Idee dazu stammte von einem französischen Presseoffizier, der nach dem Ende des Zweiten Weltkriegs die Aufsicht in der Burda-Druckerei übernommen hatte. Aenne freundete sich mit ihm an und besuchte ihn später auch einige Male in Paris. Er unterbreitete ihr den Vorschlag einer Mode-zeitschrift nach Pariser Vorbild. Begeistert erzählte Aenne ihrem Mann davon, der daraufhin allerdings nicht ihr, sondern seiner Geliebten Elfriede Breuer einen Modeverlag schenkte. »Engele« – so nannte Franz Burda seine Frau weiterhin – war empört, tobte, drohte mit Scheidung. Letztlich lenkte Franz Burda ein und übergab die Breuer-Moden seiner Frau.

Für Aenne Burda begannen nun die zweiten vierzig Jahre. Am 28. Dezember 1949 wurde sie laut Vertrag alleinige Inhaberin des Modeverlags in Lahr, nachdem sie bereits im Oktober die Hinterlassenschaft Elfriede Breuers übernommen hatte. Viel wusste sie über die Organisation und Anforderungen einer Zeitschriften-redaktion zwar nicht, aber sie hatte ein Faible für Mode, einen guten Geschmack, und sie wusste, was sie wollte. Den inzwischen verschuldeten Verlag musste sie auf Vordermann bringen und der Welt – und vor allem ihrem Mann und der Rivalin – zeigen, was sie konnte. Von nun an fuhr sie jeden Morgen mit ihrem neuen Cabrio von Offenburg in das fünfundzwanzig Kilometer entfernte Lahr, wo der Verlag in einem alten Gasthof untergebracht war.

In den Illustrierten, die jetzt erschienen, waren sie überall zu sehen, die mondänen Damen mit dem New Look von Christian Dior aus Paris – weite Röcke, schmale Taille. Aenne wusste: Das wünschen sich auch die Frauen, die sich keine Haute Couture leisten können. Schnittmuster waren da die Lösung. Sie stellte eine Schneiderin ein und ließ nach den von ihr ausgesuchten Modellen in einem ziemlich aufwendigen Verfahren Schnittanleitungen herstellen, die in Form von zwei Bogen dem Heft beigelegt wurden. Im Januar 1950 erschien es zum ersten Mal zum Preis von 1,40 Mark – und zwar in einer Auflage von 100 000 Exemplaren. Aenne hatte sich für den Namen *Burda Moden* ent-

schieden, wohl kaum ahnend, dass sie damit eine heute weltweit bekannte Marke schuf. »Wenn später Reporter der *Bunten* in Südamerika, Australien, den USA und Asien ihre Visitenkarten zückten, hörten sie nicht selten ›Ah, *Burda-Moden*‹‹«, erinnert sich Imre Kusztrich, Chefredakteur verschiedener Zeitschriften aus dem Verlag Franz Burdas, zu dem auch die *Bunte* gehört. Ex-Krupp Thyssen-Manager Berthold Beitz, ein Freund der Burdas seit den Fünfzigerjahren, ist sogar der Meinung, »ohne Aenne und *Burda Moden* wäre der Laden [der Burda-Konzern] gar nicht so groß geworden«. An Aenne bewundert er, dass sie stets aus einem sicheren Gefühl heraus, klar und ohne zu zögern gehandelt habe. Keine Zweite in Deutschland habe aus dem Nichts ein solches Unternehmen geschaffen, »sie ist die Wirtschaftswunderfrau«.

Sie blieb stetig auf Erfolgskurs

Burda Moden kam an bei den Frauen, die Auflage stieg, Aenne Burda verdiente am Verlag, Franz Burda am Druck. Bald wurden die Räume in Lahr zu klein für das ständig wachsende Personal, 1951 mietete man deshalb Baracken in Offenburg an, und die Burdas ließen sich eine große Villa bauen, in dem es neben dem privaten Bereich auch Redaktionsräume gab. Aenne kaufte zudem kleinere Konkurrenzunternehmen auf. Sie fuhr nach Westberlin – in den Fünfzigerjahren noch *die* Modemetropole in Deutschland –, um sich über neueste Trends zu informieren. Mussten die Unbekannte aus dem Schwarzwald und ihre Chefredakteurin sich bei den Modenschauen anfangs noch mit den hintersten Plätzen begnügen, reservierte man für sie in den folgenden Jahren Sitze in der ersten Reihe.

Spätestens mit der Herausgabe von *Burda International* im Herbst 1953 spielte Aenne Burda in der oberen

Liga der Modewelt. In den aufwendig gestalteten Heften mit Topmodels, aufgenommen von Starfotografen, präsentierte Burda zweimal im Jahr die aktuellen Kollektionen der Couturiers in Mailand, Florenz, Paris und Berlin. Im Unterschied zu Modemagazinen wie *Vogue* oder *Constanze* aber ebenfalls mit Schnittmustern, sodass die Leserinnen selbst die todschicken Modelle nachnähen konnten. Darüber hinaus produzierte sie Sonderhefte zu unterschiedlichen Themen wie Mode für Kinder, Puppen, Babys oder Vollschlanke, publizierte Extraausgaben mit Strickmoden, Faschingsmodellen, bald danach folgten Rezepthefte und Kochbücher. Sie richtete eigene Mode- und Fotoateliers ein, Schneiderwerkstätten und ein Kochstudio. Das alles brauchte Platz. Im April 1955 zog sie mit dem Verlag in ein modernes Gebäude, das der Architekt Egon Eiermann – in den Sechzigerjahren erlangte er mit dem »Langen Eugen« in Bonn und der Gedächtniskirche in Westberlin internationale Berühmtheit – für sie entworfen hatte. 1972 wurde auch dieser Bau zu klein für die Angestellten, deren Zahl auf fast vierhundert Mitarbeiter gestiegen war. Durch einen Übergang zu dem Eiermann-Haus entstand ein weiteres Verwaltungsgebäude in Form eines Sechsecks, in dessen fünftem Obergeschoss nun die Chefin residierte. Und sie blieb auf Erfolgskurs. 1974 wurde *Burda Moden* in achtzehn Sprachen übersetzt, 1975 betrug der Jahresumsatz über 100 Millionen Mark, und 1976 überstieg die Auflage von *Burda Moden* die 2,5-Millionen-Grenze. Von den Einzelschnittmustern wurden in diesen Jahren weit über fünf Millionen verkauft – in der Bundesrepublik gibt es wohl kaum eine Familie, in der Großmutter, Mutter oder Tochter sich danach nicht irgendwann einmal ihr Wunschkleid schneiderten.

Ihr Streben nach Reichtum und Macht – erklärtes Ziel von Aenne Burda – hatte sich ausgezahlt. Sie genoss das Leben, liebte schnelle Autos, verbrachte ihre Sommer mit ihrem Liebhaber und illustren Gästen im sonnigen Süden. Ein knappes halbes Jahr nach dem Tod ihres Mannes am 30. September 1986 erlebte sie den triumphalen Empfang in Moskau. Danach allerdings zog sie sich allmählich zurück. 1993, im Alter von vierundachtzig Jahren, übergab sie ihr Unternehmen mit einem Jahresumsatz von 172 Millionen Mark an ihren Sohn Hubert, der ihn in die Burda Verlagsgruppe integrierte.

In den folgenden Jahren hielt sie sich gern in ihrem Haus in Anif bei Salzburg auf, verbrachte ihre Tage mit Malen und Lesen, empfing Freunde. Bis ihr auch das zu viel wurde. Immer häufiger hielt sie sich in Offenburg auf, in der Stadt, in der alles angefangen hatte. Ihrer Heimatstadt stiftete sie 1999 eine Skulptur des Künstlers Jonathan Borofsky und kümmerte sich um die Einrichtung des Aenne-Burda-Stifts, das 2001 eröffnet wurde. Sie haderte mit dem Alter, feierte aber noch einmal mit der Familie und Freunden am 28. Juli 2005 ihren sechsundneunzigsten Geburtstag. Am darauffolgenden 3. November starb sie in Offenburg.
Antonia Meiners

Miuccia
PRADA *1949

Miuccia Prada ist einen eigenwilligen Weg gegangen, bevor sie das kreative Zentrum eines weltweiten Modeunternehmens wurde. Aufgewachsen in einer wohlhabenden Mailänder Familie, begann sie im wilden Jahr 1968 als Neunzehnjährige ein Studium der Politikwissenschaften, das sie mit der Promotion abschloss. Sie konnte sich für kommunistische Ideale erwärmen, wurde eine Leitfigur des feministischen Diskurses in Mailand und – als sei das alles noch nicht unkonventionell genug – absolvierte eine fünfjährige Ausbildung in Schauspiel und Pantomime bei Giorgio Strehler am Mailänder Piccolo Teatro. Später erklärte sie einmal: »Das war der Zeitgeist damals, man wollte etwas tun, das seltsam war, anders, um nicht zu sagen exzentrisch.«

Die Zeit der politischen Debatten, der Schattenspiele und Luftschlösser nahm ein jähes Ende, als ihr im Jahr 1978 die Verantwortung für das Familienunternehmen der Pradas zufiel. Der Großvater Mario Prada hatte 1913 gemeinsam mit seinem Bruder Martino eine Firma für Luxuswaren und Accessoires gegründet, spezialisiert auf Taschen und Koffer. Die waren gleichermaßen edel wie solide, handgefertigte Ledertaschen aus feinem und robustem Saffiano-Leder, mit Gold und Elfenbein beschlagen, eine altehrwürdige und bis dahin durchaus gültige Vorstellung von italienischem Luxus, doch umgeben von einer Aura des Gestrigen. So führte denn die Firma Fratelli Prada in den Siebzigerjahren nur noch ein Schattendasein, bis die junge Chefin mit einem Geniestreich aus dem biederen Familienbetrieb ein weltweites Label mit Kultstatus machte.

Eher durch Zufall hatte sie den Taschenstoff der Zukunft entdeckt – ein Nylonmaterial, das für die Fallschirme des italienischen Militärs entwickelt worden war. Es war leicht und verschleißfest, wasserdicht und schwer entflammbar. Aus diesem schwarzen unauffäl-

ligen Material entstand »Vela«, der erste Prada-Nylonrucksack. Der einzig sichtbare Schmuck war das Markenlogo, ein Dreieck mit den – heute – magischen fünf Großbuchstaben: »PRADA« . Doch bei aller vermeintlichen Einfachheit war die Tasche kunstvoll genäht und von unverwüstlicher Qualität. Miuccia Prada erklärte später über diesen ungeahnten Coup, dass sie das Unmögliche möglich machen wollte, indem sie Nylon zur Luxusware veredelte. Der Rucksack wurde zum Must-have-Objekt ebenso wie die nachfolgende Taschenkollektion aus schwarzem Nylon. Fortan trugen die Models der Modemagazine weltweit Prada-Taschen.

Ermutigt durch den großen Erfolg, entschloss sich Miuccia Prada, das angestammte Feld des Familienbetriebs zu verlassen, und brachte zum Herbst/Winter 1988 ihre erste Prêt-à-porter-Kollektion auf den Markt. Die Modewelt favorisierte zum damaligen Zeitpunkt einen Stil, der nicht üppiger und sinnlicher hätte sein können: Wahre Kaskaden edler Stoffe in Paradiesvogelfarben wurden um die Models drapiert, dazu gab es schrille Accessoires – und viel nackte Haut. All dies war der intellektuellen Miuccia Prada zutiefst fremd. »Ich hatte diesen Komplex, Modemachen sei oberflächlich und banal, unkultiviert, nicht ernsthaft genug. Es war ein echtes Drama für mich.«

Sie besaß dennoch den Mut und die geistige Unabhängigkeit, ihre eigenen Überzeugungen auf den Laufsteg zu bringen: Ihre erste Kollektion war geprägt von moderner Eleganz und raffinierten Stoffen, die jede Schlichtheit in Sinnlichkeit verwandelten. Unter dem Motto »Mehr Sein als Schein« kreierte sie den coolen Luxus der Neunzigerjahre. Über ihre Mode kam das Bonmot in Umlauf, in einem Prada-Outfit könne sich jede intellektuelle Frau entspannt ins Café setzen und Simone de Beauvoir lesen. Es ist nicht ganz abwegig, hier tatsächlich eine Verbindung zu den feministischen

Idealen ihrer Jugendjahre zu sehen. »Wenn Kleider den
Körper nicht enthüllen, hat man eher die Chance, den
eigenen Geist zu offenbaren. Frauen sollen aufhören,
sich aufreizend zu kleiden. Je provokanter die Robe,
desto weniger sexy ist die Frau.«

Nach ihren ersten Modeschauen waren die Kritiker außer sich vor Begeisterung – und fortan war der
Siegeszug der Marke Prada nicht mehr aufzuhalten.
1992 brachte Miuccia Prada ein weiteres Label auf den
Markt und gab ihm ihren eigenen Kosenamen »Miu
Miu«, gedacht als preiswertere Modelinie, vor allem für
jüngere Kundinnen. 1998 folgte dann die erste Männer-
kollektion. Ihr Erfolgsrezept blieb stets bestehen: eine
Mixtur aus klaren Linien, unkonventionellen Erd- und
Pastellfarben und perfekter handwerklicher Verarbei-
tung – das Ganze versehen mit einer eigenen Vorstellung von schräger Extravaganz. Aber vor allem der
kreative Umgang mit Stoffen sollte ihr Markenzeichen
bleiben. »Mit den Stoffen verbringe ich die meiste Zeit.
90 Prozent meiner Arbeit an einer Kollektion widme
ich ihnen und ihrer Qualität. Ich experimentiere ständig. Zum Beispiel habe ich als Erste plüschiges Teddy-
bär-Mohair verwendet, das als unverkäuflich galt. Es
wurde ein Bestseller. Oder ich mixe die Texturen, vor
allem Materialien wie schwere Satinseide und Kasch-

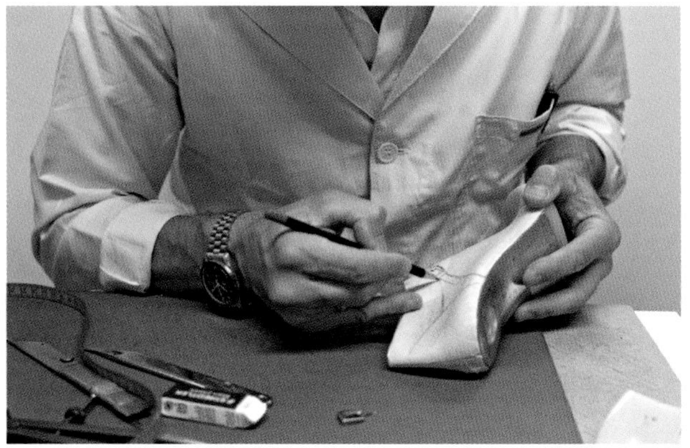

mir mit Hightechfasern.« Miuccia Prada erprobte so
auch die Kombination aus lichtdurchlässigem Latex,
Plastik und Satin, durchsetzt mit Bruchstücken von
Spiegeln und Filmstreifen. Dieser wilde Materialmix
ging als *bad taste* in die Modegeschichte ein. Sie sagte
selbst einmal etwas kokett: »Ich mache hässliche
Kleider aus hässlichen Stoffen – *bad taste* eben. Am
Schluss sieht es trotzdem gut aus.«

Miuccia Prada kann man nicht so schnell einholen, zumal sie nicht allein ist

Sie gehört zu den wenigen Designern, die von einer
Saison auf die nächste den Stil ihrer Kollektion radikal
ändern können, ohne dabei ihre Handschrift zu verlieren. In den Neunzigerjahren ist sie für fast jede wichtige Neuerung in der Modeszene verantwortlich, von
der Nylonjacke über den strapazierfähigen Uniformstil
bis hin zum Mao-Look. Ihre Klettverschlüsse, Latex-
blusen und Caprihosen wurden massenhaft kopiert.
Doch die zahlreichen Nachahmungen bestätigten
nicht nur den Erfolg dieses eigenwilligen Stils, sondern
zeigen auch, dass die Konkurrenz ihr immer auf den
Fersen war und ist.

Aber Miuccia Prada kann man nicht so schnell ein-
holen, zumal sie nicht allein ist. Ihr Mann, Patrizio Bertelli, ist Teil dieses Kreativzentrums. Die beiden heirateten 1980, und seitdem ist er im Konzern der umsichtige
und oft auch hemdsärmelige Geschäftsmann. »Wenn ich
ihn nicht getroffen hätte, hätte ich irgendwann auf-
gegeben, zumindest hätte ich nicht all das machen
können, was ich getan habe.« Besonders gefürchtet war
das Gespann Prada/Bertelli, wenn es auf Einkaufstour
ging. In den Neunzigerjahren erwarb es große Anteile an einigen der prestigeträchtigsten Firmen wie
Fendi, Helmut Lang oder Jil Sander. Doch all diese Um-

triebigkeit hätte vermutlich nicht ausgereicht, um aus dem großväterlichen Produktionsbetrieb eine internationale Luxusmarke mit Kultstatus zu machen.

Was Miuccia Prada von anderen Couturiers unterscheidet, ist ihre Missachtung einiger Grundsätze der Fashion-Branche. Während andere darauf bedacht sind, auf jeder Modewelle mitzuschwimmen und so nichts Bleibendes schaffen, hat sie etwa Unsummen in Design ihrer Läden investiert, die weit mehr sein wollen als nur ein Zuhause für Mode. So wurden zum Beispiel die wichtigsten Shops von namhaften Architekten gestaltet. Der holländische Avantgardist Rem Koolhaas verlieh dem Vorzeigegeschäft, dem »Flagship-Store« in New York die Aura eines Museums für moderne Kunst. In solch einem Umfeld wird Kleidung zum Exponat – und die Philosophie des Unternehmens nimmt im wahrsten Sinne des Wortes Gestalt an. Hier sollen das beste Material und das beste Design in einen Dialog treten, der wiederum etwas ganz Eigenes hervorbringt. Die Kreativlaboratorien in New York, Tokio und Los Angeles sind, wie Prada sie selbst nennt, »Epizentren«. Aber dass eine Verbindung von Mode und Kunst überhaupt möglich wurde, hat gedauert, denn Prada und Bertelli wollten diese beiden Dinge anfangs strikt trennen. In einem Interview nennt Miuccia Prada die Gründe: »Es hatte mit meinem alten Widerwillen zu tun, Mode und Kunst zu vermischen. Das erschien mir eine Zeit lang geradezu unseriös. Ich finde es lächerlich, wenn jemand über Mode als Kunst spricht. Wozu? Es gibt den Glamour der Mode und es gibt den der Kunst. Basta. Jeder ist auf seine Weise einzigartig. Ich hielt eine klare Trennung immer für eine Geste gegenseitiger Achtung. Vor allem wollte ich unter allen Umständen vermeiden, dass man glaubte, wir versuchten mithilfe der Kunst, das Image unseres Unternehmens aufzupolieren. Außerdem hatte ich Angst,

man könnte mir unterstellen, ich würde mich als Designerin auf Kosten der Kunst interessanter machen. Es war fast eine Phobie. Aber seit zwei Jahren bin ich endlich in der Lage, das ganze Spektrum beider Bereiche zu genießen.«

Ein »Epizentrum«, Ausgangspunkt eines Bebens, sollte auch ihre Fondazione Prada sein. Mit diesem Projekt schuf das Paar einen Ausstellungsort in Mailand, der Platz bietet für große Installationen, Inszenierungen zeitgenössischer Kunst, aber auch für interdisziplinäre Vorlesungen. Auch hier scheint es den beiden um eine intellektuelle und ernste Auseinandersetzung mit Kunst, Mode und Materialien zu gehen. In der Konsequenz hat Miuccia Prada Frauen ernst genommen und nicht als Kleiderständer oder Zierpüppchen betrachtet, sondern Mode als Ausdruck einer Disziplin gesehen – zeitlos wie gute Kunst. Aber nicht jede Frau muss beim Kauf einer Prada-Tasche zur Intellektuellen werden oder die Doppelbödigkeit mancher Kollektionen verstehen – das Label funktioniert auch mühelos über Triebe wie Lust und Sucht.

Claudia Lanfranconi

»Ich bewegte mich ständig vorwärts. All das erforderte viele Aktivitäten ... Ich war wie Quecksilber getrieben.«

Estée Lauder

Das Geschäft
mit der Schönheit

Martha Matilda
HARPER
1857–1950

Harte Arbeit kannte die 1857 in Kanada geborene Martha Matilda Harper schon als Kind. Rund fünf Jahre arbeitete sie als Dienstmädchen für drei Dollar in der Woche, bevor sie ihren ersten Friseur- und Kosmetiksalon eröffnete. Harper stellte nicht nur ihr eigenes Haarwasser her, sie erfand einen verstellbaren Frisierstuhl und ein Becken mit Nackenmulde, in dem ihre Kunden bequem liegen konnten. Als die von ihr begeisterten Kunden sie baten, in andere Städte zu expandieren, gründete sie das erste Franchisesystem in den Vereinigten Staaten. Auf dem Höhepunkt ihrer Karriere gab es weltweit fünfhundert Harper Shops, die meisten von Frauen geführt. Harpers Ziel war nicht, ihr Vermögen zu maximieren, sondern Frauen aus einfachen Verhältnissen die Möglichkeit zur finanziellen Unabhängigkeit zu geben.

Bereits mit sieben Jahren wurde Martha Matilda Harper zur Familie ihres Onkels nach Leskard geschickt, das in der Nähe von Ontario lag, um dort als Dienstmädchen zu arbeiten. Selbst für damalige Verhältnisse war das früh. Normalerweise verdingten sich Mädchen im Teenageralter als Hausmädchen, bevor sie heirateten. Doch Martha Matildas Vater Robert hatte in ein Stück Land in Munn's Corner bei Oakville investiert und war nicht einmal in der Lage, mit seinen Einkünften die Raten zu bezahlen. Die Familie wohnte aus diesem Grund in einer Einzimmerhütte, umgeben von kanadischen Eichwäldern.

Die beruflichen Aussichten für ein Mädchen, das in derart einfachen Verhältnissen aufwuchs, waren denkbar düster. Doch Martha Matilda Harper entwickelte im Verlauf ihrer Dienstmädchenzeit einen äußerst starken Charakter und einen Drang nach finanzieller Unabhängigkeit. Es sollte allerdings über zwanzig Jahre dauern, bis sie ihren Traum verwirklichen konnte. Ihr Vierzehn-Stunden-Tag bestand aus Putzen, Waschen, Kochen und Nähen, und ihren Verdienst schickte sie nach Hause, um ihre Familie zu unterstützen. Der einzige Luxus, den sie sich gönnte, war die Pflege ihrer kastanienbraunen Haare, die sie stundenlang kämmte. Die lange Mähne war ein Zeichen ihrer Distinktion. »Seht her, ich bin anders als die anderen«, lautete die Botschaft. In ihrem Buch »Golden Memories« erinnerte sich Harper, Freunde hätten ihr prophezeit, dass ihre Haare einmal ihr Schicksal bestimmen würden.

Im Alter von zwölf Jahren wechselte Martha Matilda den Haushalt und arbeitete für einen Arzt, der einen großen Einfluss auf ihren beruflichen Werdegang hatte. Er erklärte ihr nicht nur den Aufbau der Haare, sondern er wies auch auf die Bedeutung des Kämmens und der Haarwäschen hin. Zudem gab er ihr ein Rezept für ein Haarwasser aus Kräutern, mit dem Harper später berühmt werden sollte.

Im Jahr 1882, da war sie fünfundzwanzig, unternahm sie den ersten Schritt in Richtung Unabhängigkeit und verließ Kanada. Mit sechzig hart verdienten Silberdollar im Gepäck reiste sie in die Vereinigten Staaten von Amerika, nach Rochester, New York. Sie hatte Glück und bekam sofort eine Anstellung als Haushälterin bei dem prominenten Rechtsanwalt Luther Hovey und seiner Frau Leah Charlotte. Martha Matilda Harper studierte ihr neues Umfeld und die Damen und Herren der besseren Gesellschaft von Rochester genau – stets den Gedanken im Hinterkopf, sich so bald wie möglich mit einem eigenen Geschäft für Haarpflege selbstständig zu machen.

Mr. Hovey betrieb seine Kanzlei im Powers Building. Das moderne Bürogebäude stand im Herzen von Rochester – hier fand man elegante Geschäfte, Banken, Kunstgalerien, Arztpraxen. In diesem mehrstöckigen

Haus und nirgendwo sonst, stellte sich Harper vor, müsse sie ihren eigenen Laden eröffnen. Außerdem hatte sich der Bauherr Daniel Powers vom Waisenkind zum Millionär hochgearbeitet, was der ambitionierten Haushälterin Harper als Vorbild vorschwebte. Sie fühlte, dass sie in die kreative und freiheitliche, denkende Gesellschaft von Rochester gehörte. Die Stadt hatte zahlreiche Erfinder hervorgebracht und war zudem ein Zentrum der amerikanischen Frauenbewegung.

Ein Jahr nach Martha Matilda Harpers Ankunft verkauften die Hoveys ihr prachtvolles viktorianisches Haus an Luella und Owen Roberts, und Harper wurde wie ein Einbauschrank an die neue Eigentümerin mit übergeben. Das Ehepaar, das kinderlos geblieben war, nahm Harper aber wie eine Tochter an. Martha Matilda erwiderte deren Emotionalität, vor allem fühlte sie sich Mrs Roberts lebenslang verbunden.

Luella Roberts und ihre Freundinnen waren die ersten Damen, an denen Martha Matilda Harper ihr Haarwasser und bestimmte Haarpflegemethoden aus-

probierte. Und als die Roberts heraufanden, dass sie die Produkte nachts in ihrem kleinen Zimmer fertigte, stellten sie ihr den hinter dem Haus gelegenen Werkzeugschuppen zur Verfügung. Tagsüber versorgte Harper den Haushalt, nachts kümmerte sie sich um die Rezepturen für verschiedene Haarwasser, Shampoos und Massagecremes – bis sie vor Erschöpfung kollabierte, wie sie sich in ihrer Autobiografie erinnerte. Nach und nach wollten immer mehr Bekannte der Roberts, dass Harper zur Haarwäsche und Frisurenpflege zu ihnen nach Hause kam. Martha Matilda Harper folgte diesen Wünschen, denn sie brauchte das Geld für ihren Salon.

1888 konnte sie endlich ihren lang gehegten Plan verwirklichen! Sie eröffnete den ersten Harper Shop – und auch tatsächlich im Powers Building. Allerdings stand der Vermieter ihrer Geschäftsidee äußerst skeptisch gegenüber, da er befürchtete, Harpers Salon würde nur von Damen zweifelhafter Herkunft frequentiert. Aus diesem Grund bot er ihr lediglich einen Mietvertrag an, der von Monat zu Monat verlängert wurde.

»Schönheit kommt von innen«

Martha Matilda Harper hatte alles bestens vorbereitet. Als Logo wählte sie ein Füllhorn, ihre Haartinktur war als Patent angemeldet, der Salon funktional eingerichtet, und an der Tür warb ein Foto von ihr mit bodenlanger Haarpracht für die Qualität der Produkte und die Effizienz der die Durchblutung fördernden Kopfmassagen. »Schönheit kommt von innen«, so lautete ihre Devise. Doch nur wenige Kundinnen trauten sich, sich in einem der Öffentlichkeit zugänglichen Laden frisieren zu lassen. Als Dame ließ man sich die Haare zu Hause richten, in einem privaten Rahmen, das war Tradition. Doch ein Zufall half, das Geschäft in Schwung zu bringen. Ein

Musiklehrer, der nebenan Unterricht gab, hatte kein
Wartezimmer, und so bot Harper ihm ihren eigenen an.
Auf diese Weise ergab es sich wie von selbst, dass die
Mütter, während ihre Kinder musizierten, bei ihr nicht
nur geduldig herumsaßen, sondern sich in der Zwi-
schenzeit auch die Haare machen ließen.

Durch Mund-zu-Mund-Propaganda erweiterte
sich ihr Kundenstamm schließlich stetig. Bald gehörten alle wichtigen Damen von Rochester dazu. Ihr
guter Ruf verbreitete sich auch schnell unter den Suf-
fragetten, die Harper besonders enthusiastisch unterstützten. Eine ihrer größten Protektorinnen war Susan
B. Anthony, sie sich vor allem für das Wahlrecht für
Frauen einsetzte. Bei jeder Gelegenheit führte sie
Martha Matilda als Beispiel dafür an, wie Frauen ihr
Schicksal selbst in die Hand nehmen können.

Ihre ersten Verdienste investierte Harper in sich
selbst. Als Kind hatte sie nie eine Schule besucht, nun
leistete sie sich diverse Privatlehrer, die ihr eine umfassende Allgemeinbildung und alles über Soziologie, Geschichte und Kunstgeschichte beibringen sollten. Mit
diesem Wissen wappnete sie sich auch für den Umgang
mit den Damen der Gesellschaft, zu denen später sogar
einige First Ladys von Amerika gehören sollten. Grace
Coolidge, die von 1923 bis 1929 an der Seite ihres Mannes
John im Weißen Haus residierte, schickte Harper, als
diese auf Geschäftsreise in Washington war, als Zeichen der Anerkennung gleich mehrere Rosensträuße
in ihr Hotelzimmer.

Harpers Geschäft wuchs schnell. Bald musste sie
Assistentinnen einstellen, um die Nachfrage ihrer
Kundinnen zu befriedigen. Sie bevorzugte ehemalige
Hausangestellte, da diese ihrer Meinung nach das
Dienstleistungsgeschäft am besten verstanden. Zu den
goldenen Regeln, die ihre »Harper Girls« zu beachten
hatten, gehörten ein erstklassiger Service, hochwertige

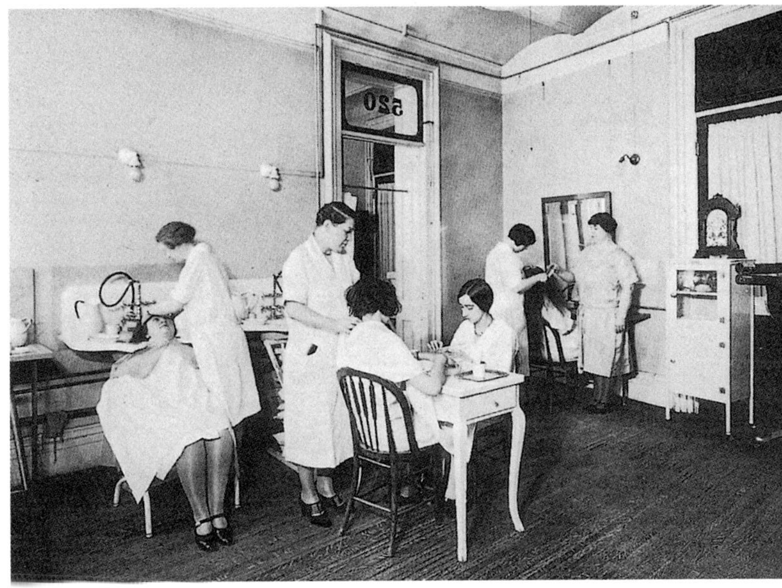

Produkte und eine angenehme Umgebung. »Prestige«,
resümierte sie, »bedeutet nicht, das Beste zu geben – es
bedeutet, dass Menschen stolz sind, zu den Kunden dei-
nes Geschäfts zu gehören.« Ihre Kunden sollten von der
ersten Sekunde, in der sie den Salon betraten, in einen
Zustand der totalen Entspannung versetzt werden. Dafür entwarf die Kanadierin einen Stuhl mit verstell-
barer Rückenlehne sowie ein Waschbecken mit Nackenmulde, um ihren Klienten in einer bequemen
Haltung die Haare waschen zu können. »In der Vergangenheit«, berichtete das amerikanische Wirtschaftsma-
gazin *Fortune* in einem Artikel über die geschäftstüch-
tige Erfinderin, »mussten sich Kunden über ein Bassin
nach vorne bücken, mit tropfnassen Gesichtern und
Seife in den Augen.«

Damen aus Buffalo, Detroit, Chicago und anderen
Städten reisten nach Rochester, um in den Genuss von
Harpers Haarpflege zu kommen. Sie müsse unbedingt
Filialen in anderen Städten eröffnen, beknieten sie ihre
Fans. Martha Matilda Harper prüfte jedoch erst einmal,

wie groß die Nachfrage tatsächlich war. In mehreren Ortschaften ließ sie Unterschriften von Frauen sammeln, die an der Harper-Methode Interesse hatten. Sämtliche weibliche Persönlichkeiten der Chicagoer Gesellschaft etwa plädierten für eine Zweigstelle ihres Salons, inklusive Mrs Potter Palmer, die damals in allen Fragen des Stils tonangebend war.

Aber wie sollte sie vorgehen, um ihre Expansionsbestrebungen zu verwirklichen? Was die Organisation betraf, so lieferte ihr die von Mary Baker Eddy 1879 gegründete Glaubensgemeinschaft Christian Science – in der sie selbst Mitglied war – ein Vorbild. Von der Mutterkirche in Boston gingen Direktiven an alle Zweiggemeinden aus, die ansonsten eigenständig operierten. Martha Matilda beschloss, ihr Geschäftsmodell, ihre Haarpflegemethode und ihre Produkte an Frauen zu verkaufen, die sich mit einem Harper Shop in einer anderen Stadt selbstständig machen wollten. Ihr Ziel war es, ehemaligen Dienstmädchen als Shopbesitzerinnen eine Chance zu geben, ihr Leben selbst in die Hand zu nehmen und unabhängig zu werden. Sie entschied über die Standorte des Salons, die Besitzerinnen mussten die von ihr konzipierte Ausstattung mit Lehnstuhl und Waschbecken übernehmen und wurden zuvor bis zu einem Jahr geschult. Das erste *branch office* eröffnete ihre Schwester Harriet in Buffalo. Weitere Salons entstanden kurz danach in Detroit und Chicago.

Damals gab es den Fachbegriff »Franchising« noch nicht, doch mit dem Verkauf ihres Geschäftskonzepts gründete Martha Matilda Harper das erste Konzessions-

system in Amerika. Mit einem Newsletter versuchte sie, ihre in ganz Amerika verstreuten »Girls« auf Kurs zu halten. »Der Ruf eures Salons hängt von euren Mitarbeiterinnen ab genauso wie von euch selbst«, erklärte sie zum Thema der Personalwahl. »Es bedarf Charakter, Gesundheit, Intelligenz, Taktgefühl und einer guten Einstellung, um die Harper-Methode in der Öffentlichkeit ins beste Licht zu rücken.« Sie warnte außerdem vor Klatsch und Tratsch, es gebe zwar Frauen, denen dies Vergnügen bereite, doch »in den Harper Method Shops« solle man bitte größten Wert »auf die Würde und die Intimsphäre der Kunden« legen.

Nach der Eröffnung von 450 Salons weltweit legte Harper 1921 den Grundstein für eine eigene Fabrik

Zahlreiche Innovationen wurden um die Jahrhundertwende in der Friseur- und Kosmetikbranche gemacht – der Franzose Marcel Grateau entwickelte ein Haareisen, um die Frisur in Wellen zu legen, der Deutsche Karl-Ludwig Nessler erfand 1905 die Dauerwelle und Alexandre F. Godefoy, ebenfalls ein Franzose, einen Haartrockner. Make-up war nicht mehr verpönt, und Beauty-Pioniere wie Helena Rubinstein und Elizabeth Arden suggerierten den sich immer mehr emanzipierenden Frauen, dass Schönheit durch die richtige Anwendung von Cremes und Schminke abhing. Harper reagierte mit Gelassenheit auf die wachsende Konkurrenz und hielt ihre Franchisepartnerinnen dazu an, auf die bewährten Prinzipien zu setzen: auf die Gesundheit der Haare durch Kopfhautmassagen und regelmäßige Haarwäschen. Färben und Dauerwellen lehnte sie ab, da die Chemikalien das Haar schädigten.

Nach fünfundzwanzig Jahren gab es 134 Harper Shops in 128 Städten, die sich in Kanada, den USA, in

England, Schottland, Frankreich, Italien und Deutschland befanden. In den Goldenen Zwanzigern, in denen Lippenstifte, Rouge, Wimperntusche, Puder und Nagellacke zu Verkaufsschlagern wurden, blickte sie auf ein Imperium von rund 450 Salons weltweit. Aufgrund des boomenden Kosmetikmarkts vergrößerte sie ihre Produktpalette und modernisierte die Verpackungen. In ihren Werbeslogans betonte sie die Nachhaltigkeit ihrer Anwendungen: »Schön sein. Nicht für eine flüchtige Stunde, sondern für immer.«

Dreiunddreißig Jahre nachdem sie ihren ersten Shop eröffnet hatte, legte Harper in Rochester am 21. August 1921 den Grundstein für eine eigene Fabrik, in dem in Zukunft Haarwasser, Shampoos und Cremes maschinell hergestellt werden konnten. Auf der Fassade ihres »Laboratoriums« prangte in großen Gussbetonlettern ihr Name. Zeitgleich wurde ihre Kosmetikschule, in der die Anwärterinnen auf einen Harper Shop und Mitarbeiterinnen ausgebildet wurden, aus dem Powers Building in ein eigenes Gebäude verlegt. Selbst nach dem Börsencrash von 1929 konnten sich die Harper Shops als Anbieter von Qualitätsprodukten behaupten. Dazu kam, dass sie die Öffnungszeiten der Salons bis in die späten Abendstunden hinein verlängerte, womit sie auf die Bedürfnisse der neuen *Businesswomen* reagierte. Kinderspielecken wurden eingeführt, um die Jüngsten emotional an die Shops zu binden, und Martha Matilda Harper beschloss, ihre Produkte nun auch in den großen Kaufhäusern anzubieten, um weitere Kunden zu gewinnen.

Mitte der Dreißigerjahre begann jedoch der allmähliche Abstieg des Unternehmens. Mittlerweile über siebzig Jahre alt, übergab Harper die Führung der Geschäfte ihrem sechsundzwanzig Jahre jüngeren Ehemann Robert MacBain, den sie 1920 geheiratet hatte. Die ungleichen Partner hatten sich acht Jahre zu-

vor im Yellowstone Nationalpark kennengelernt, als Martha Matilda ihre erste Erholungsreise unternahm. Die ernste Geschäftsfrau fühlte sich angezogen von dem eloquenten und attraktiven Reiseführer. Wie bisher in ihrem Leben übernahm sie auch hier die Initiative. Sie finanzierte ihm ein Studium in Cambridge, besuchte ihn häufig und machte ihm schließlich einen Heiratsantrag. Robert MacBain erwies sich als loyaler Lebenspartner. Die Geschäfte führte er zwar nicht immer in ihrem Sinn weiter – so bot er in den Harper Shops Färbungen und Dauerwellen an, was sich nicht als erfolgreich herausstellte –, aber als Martha Mathilda an Demenz erkrankte, entschied er sich, einen Geschäftsführer einzusetzen, um sich um seine Frau kümmern zu können. Martha Matilda Harper starb 1950 im Alter von dreiundneunzig Jahren; sechs Jahre später verkaufte Robert MacBain das Unternehmen. Es bestand weiterhin unter diversen Eigentümern bis 1972. Die lebendigste Erinnerung an das ehemalige Dienstmädchen ist der Harper Method Founders Shop in Rochester, der die Kunden wie in Harpers Bestzeiten mit Harper-Produkten und Massagen verwöhnt.

Claudia Lanfranconi

Helena
RUBINSTEIN

1870 – 1965

Es war eine Zeit des Aufbruchs für die Frauen des beginnenden 20. Jahrhunderts. Immer mehr von ihnen entzogen sich männlicher Bevormundung, drängten in die ihnen bisher weitestgehend verschlossene Berufswelt und in die Universitäten, strebten nach Unabhängigkeit und Teilnahme am öffentlichen Leben. Entsprechend änderten sich Mode und Lebensstil. Das eng geschnürte Korsett war passé, die »neue Frau« bewegte sich frei und selbstbewusst. Einher ging diese Entwicklung auch mit einem neuen Körpergefühl, Hygiene, Sport, gesunde Ernährung und auch die Schönheitspflege rückten in den Vordergrund. Ein Beruf entstand, den es zuvor nicht gegeben hatte: die Kosmetikerin. Helena Rubinstein war eine der ersten und erfolgreichsten.

Helena Rubinstein legte großen Wert auf die Ausbildung der Verkäuferinnen ihrer Kosmetikartikel. Die Schulungen führten von ihr unterwiesene Demonstrantinnen durch; Ende der Dreißigerjahre unterrichteten sie jährlich etwa 2500 Frauen in der Schönheitspflege mit Rubinstein-Produkten.

Begonnen hatte alles mit ein paar Cremetöpfen, die Augusta Rubinstein ihrer Tochter Helena mit auf die Reise in das ferne Australien gab. Helena, die 1870 zur Welt kam, war achtzehn, als sie ihre polnische Heimatstadt Krakau endgültig verließ. Ihre Eltern dort entstammten einer angesehenen jüdischen Familie. Der Vater Naftali Herz Horaze Rubinstein hatte mit seinem Hang zum »Fantastischen und Verspielten« das als Kaufmann erarbeitete Vermögen nicht zusammenhalten können und seine Frau und seine acht Töchter mit einem kleinen Lebensmittelhandel über Wasser halten müssen. Seine älteste Tochter, die offene und kluge Helena, die ihm schon im Alter von fünfzehn Jahren bei seiner Buchhaltung zur Seite stand, schickte er zum Medizinstudium, zunächst auf die Universität Krakau, dann in die Schweiz. Doch ohne den gewünschten Erfolg, denn sie konnte kein Blut sehen. Als die Eltern daraufhin nach einer guten Partie für sie Ausschau hielten, bekamen sie den Widerspruchsgeist und die Durchsetzungskraft ihrer Tochter zu spüren. Helena weigerte sich, denn Heirat und Familie waren nicht der Weg, den sie in ihrem Leben gehen wollte. So einigte man sich darauf, sie erst einmal zu einem Onkel nach Australien zu schicken. Von der Mutter, die es für die vornehmliche Aufgabe einer Frau hielt, auf die äußere Erscheinung zu achten und bei der Erziehung ihrer Töchter größten Wert auf die tägliche Pflege von Haut und Haaren legte, bekam Helena statt einer Aussteuer zwölf Cremetiegel als kosmetische Versorgung in der Ferne.

Australien war für sie eine Enttäuschung. Auf der Farm ihres Onkels in Coleraine, Queensland, war sie umgeben von Siedlern, deren Dasein sich hauptsächlich um Rinder- und Schafherden drehte. Abwechslung bot der jungen Polin die Arbeit bei einem Apotheker. Die Tätigkeit im Labor gefiel ihr, und sie entdeckte

hier ihre Vorliebe für die Chemie. Nachdem ihr allerdings der Onkel zu nahe kam und einen Heiratsantrag machte, ergriff sie die Flucht. Von nun an wollte sie ihr Leben selbst in die Hand nehmen – und zwar mithilfe der Hautcreme. Angesprochen auf ihre zarte weiße Haut, hatte Helena bereits einige der zwölf Töpfchen an die Farmerfrauen in Coleraine weitergegeben. Viele meldeten schon bald weiteren Bedarf an – und das war Helena Rubinsteins erste Geschäftsidee: Sie wollte die Tiegel ihrer Mutter importieren und anschließend verkaufen.

Sie zog zur Familie einer englischen Freundin nach Melbourne, wo sich die Damenwelt ebenso begeistert von ihrer Pflegesalbe zeigte wie zuvor die Farmerfrauen. Bald reichten die von ihrer Mutter eintreffenden Sendungen mit Nachschub nicht mehr aus, und so kehrte Helena in das Labor des Apothekers zurück und fing an, selbst zu mixen. Von den Erfindern der Creme, den ungarischen Brüdern Lykusky, hatte sie das Rezept erhalten, und fortan stellte sie einen Tiegel nach dem anderen der »Creme Valaze« her – ein Produkt, das noch Jahrzehnte später unter den Namen »Skin Food« und »Wake up« zum Sortiment des weltweiten Rubinstein-Unternehmens gehörte. Mit Zeitungsinseraten warb sie für den Postversand von »Creme Valaze« – und erhielt daraufhin 15 000 Bestellungen!

Jetzt wagte sie den nächsten Schritt: Sie ließ nicht nur eine ganze Schiffsladung dieser Mixtur mit Man-

delöl von den Lykuskys kommen, sondern eröffnete
1899 in Melbourne den ersten Schönheitssalon Australiens. Tagsüber beriet sie ihre Kundinnen, erstellte ihnen eine Hautanalyse, massierte und cremte ein. In den
Nächten experimentierte sie weiterhin mit unterschiedlichen Pflegemitteln und holte sich zu diesem
Zweck einen der erfahrenen Lykusky-Brüder nach
Melbourne, mit dem sie gemeinsam Rezepte für
Lotionen, Reinigungscremes und Medizinalseifen entwickelte. Sie unterschied jetzt drei Hauttypen und

empfahl Pflegeserien entsprechend dem von ihr formulierten Gebot »Reinigen, Klären und Pflegen« – ein
Dreischritt, der bis heute Gültigkeit hat.

Kurz danach bemühte sich Helena Rubinstein um
einen größeren Salon, stellte eine Sekretärin ein und
verfügte nach einem Jahr bereits über ein Bankguthaben von 12 000 Pfund. So hätte sie weitermachen können und wäre sicher bald Millionärin geworden, aber
das war nicht ihr alleiniges Ziel. Den Frauen ewige Jugend zu schenken – diese Idee faszinierte sie, und so
begab sie sich auf eine längere Forschungsreise nach
Europa. Die Leitung des Geschäfts übergab sie ihrer
Schwester Cenka, die aus Krakau angereist war. Cenka
gehörte in den nächsten Jahrzehnten zu ihren engsten
Mitarbeiterinnen wie auch die anderen Schwestern.
Helena vertraute in erster Linie der Familie, und später
besetzte sie nahezu alle leitenden Positionen ihrer zahlreichen Firmen mit Verwandten.

Australien reichte ihr nicht, sie wollte mehr

In Europa hielt sie sich in Wien, Berlin, München,
Hamburg, Paris und London auf, konferierte dort mit
Chemikern und Dermatologen und studierte die neueste Fachliteratur. Sie informierte sich bei Medizinern
über die Auswirkungen von Diäten auf die Gesundheit
und hospitierte in Kliniken. Es war dies das theoretische Rüstzeug für ihr Lebensziel, sich der Schönheit zu widmen. Eine wissenschaftliche Schönheitspflege – Hormone, Vitamine, Elektrizität – sollte bei der
Verwirklichung ihrer Ideen eine große Rolle spielen.

Zurück in Australien, baute sie ihr Unternehmen
weiter aus, eröffnete Schönheitssalons in anderen Städten dieses Kontinents und stellte Assistentinnen ein,
die sie selbst ausbildete. Darüber hinaus bot sie immer
neue und immer verbesserte Produkte an und intensi

vierte die Werbung – ihre Umsätze stiegen dadurch in ungeahnte Höhen. Doch Australien reichte ihr nicht, sie wollte mehr. 1907 ging sie nach London, erwarb ein Stadthaus im vornehmen Stadtteil Mayfair und ließ die vier Stockwerke des repräsentativen Gebäudes für Salons, eine Wohnung und ein Laboratorium umbauen. Aus Melbourne folgte ihr Edward William Turner nach, ein amerikanischer Journalist polnischer Herkunft. Beide hatten sich ineinander verliebt, und Turner hatte mit den Worten: »Helena, wie ich sehe, sind Sie fest entschlossen, ein Weltreich aufzubauen. Heiraten Sie mich, dann können wir uns gemeinsam daranmachen«, um ihre Hand angehalten. In London gab sie Edward ihr Jawort. Gemeinsam statteten sie das neue Haus aus, angeregt von den fantastischen Bühnenbildern und Kostümen der Ballets Russes grell farbig und außergewöhnlich.

Extravaganz erachtete Helena als unabdingbar für ihr Geschäft, sie hatte aber auch selbst Freude am Dekorieren, an der Mode und der Kunst. Bis ins hohe Alter ließ sie sich ihre Wohnungen mit modernsten Designermöbeln einrichten – eine Passion, die ihrem lebenslangen Interesse für die künstlerische Avantgarde entsprach. In ihren privaten Räumen sammelte sie Gemälde und Plastiken der berühmtesten Künstler des 20. Jahrhunderts, die sie, wie so mancher ironisch bemerkte, am liebsten en gros kaufte. Ihr Lieblingsmodeschöpfer war zunächst der Franzose Paul Poiret, der schließlich von Coco Chanel abgelöst wurde. Paul Poiret hatte sie vor allem deshalb geliebt, weil er es verstand, für sie, die nur 1,50 Meter groß war, hervorragende Kleider zu entwerfen und zu schneidern. Coco Chanel sah später großzügig darüber hinweg, wenn Helena Rubinstein das eine oder andere ihrer Modelle für sich nachschneidern ließ – denn Madame war bei all ihrem Reichtum immer auch sparsam.

Bereits ein Jahr nach der Eröffnung des Londoner Salon de Beauté Valaze verfügte Helena Rubinstein über einen festen Kundenstamm. Etwa tausend Frauen kamen wöchentlich zu ihr in die Behandlung – ein großer Erfolg, denn noch schickte es sich für die Damen der Gesellschaft nicht, einen Schönheitssalon aufzusuchen. Verzichten mochten sie trotzdem nicht darauf, denn schnell sprach sich herum, welch Wunderwerke die Chefin vollbrachte. Die Ladys traten meist tief verschleiert über die Schwelle des Salons. Als dann aber die Ehefrau des Sohnes des britischen Premierministers, Lady Asquith, sich öffentlich dazu bekannte und sich sogar den roséfarbenen statt den bisher gebräuchlichen weißen Puder auftragen ließ, wurde auch Helena Rubinstein gesellschaftsfähig. Es war zugleich der Beginn des Siegeszugs dekorativer Kosmetik, die bislang nur unter Schauspielerinnen oder den Frauen des anrüchigen Milieus üblich war.

Nach dem gelungenen Start in London erlag Helena nun der Faszination des Pariser Flairs. Die französische Hauptstadt musste jedoch noch warten, da sie schwanger wurde. 1909 kam Sohn Roy auf die Welt, Horace drei Jahre später. Helena genoss diese Auszeit

gemeinsam mit Edward in einer Villa an der Peripherie Londons, doch als Horace zwei Jahre alt war, hielt sie nichts mehr. Schwester Manka übernahm den Londoner Salon, und die vierköpfige Familie ließ sich in Paris nieder. Auch hier sorgte Helena mit ihrem umfangreichen Schönheitsprogramm für Aufsehen, aber schon 1915 übergab sie den Pariser Salon wiederum einer ihrer Schwestern.

Nach Ausbruch des Ersten Weltkriegs wähnte Edward seine Frau und die beiden Söhne in New York sicherer. Helena Rubinstein machte sich jetzt daran, Amerika zu erobern. Im Februar 1916 eröffnete sie ihr Maison de Beauté Valze auf der 49. Straße Nr. 15, auf der East Side, direkt um die Ecke des Arden-Salons.

»Die vielleicht erfolgreichste Geschäftsfrau der Welt«

Die Kanadierin Elizabeth Arden, deren Schönheitshäuser in den USA einen ebenso guten Ruf genossen wie die von Helena in Europa und Australien, sollte zur größten Konkurrentin Rubinsteins werden. Über fünf Jahrzehnte bekämpften sich die Rivalinnen. Den ersten großen Gegenangriff startete Elizabeth Arden 1920

mit der Eröffnung ihres Salons im angestammten Revier Helenas in Paris. Den größten Coup landete sie jedoch Mitte der Dreißigerjahre mit der Abwerbung des Geschäftsführers des Rubinstein-Imperiums, den sie für ein Jahresgehalt von 50 000 Dollar einkaufte und der auch noch gleich elf leitende Mitarbeiter mitbrachte. Helenas Rache aber traf ebenfalls hart: Sie stellte Ardens geschiedenen Mann Thomas Jenkins Lewis als Geschäftsführer ein.

Nach der Ankunft in New York widmete sich Helena Rubinstein vorrangig ihrem Unternehmen, das sie ständig weiter ausbaute. Bald gab es Salons in mehreren Städten der USA, in den Zwanziger- und Dreißigerjahren folgten Häuser in Europa – Wien, Madrid, Rom –, aber auch im kanadischen Toronto; hier hatte Elizabeth Arden 1910 ihren ersten Salon eröffnet. Um die ständig steigende Nachfrage nach den immer vielfältigeren Produkten befriedigen zu können, richtete Helena Rubinstein an allen wichtigen Standorten Fabriken ein, wo sie mit den Chemikern auch mit verschiedensten Rezepturen für neue Cremes und Wässerchen experimentierte. Vor allem infolge der zunehmenden Berufstätigkeit von Frauen und ihrer damit einhergehenden Selbstständigkeit und öffentlichen Präsenz war der Bedarf an Kosmetikartikeln nach dem Ersten Weltkrieg stark angestiegen. Nun wollten auch Kaufhäuser in das Rubinstein-Geschäft einsteigen. Helena jedoch zögerte, sie fürchtete um die Exklusivität und um den guten Ruf ihrer Produkte durch den Massenverkauf. Deshalb stimmte sie nur unter der Bedingung zu, dass das Personal von ihr oder ihren engsten Mitarbeitern ausgebildet werde. Diese Schulen für Kosmetikerinnen wurden schnell zu gefragten Einrichtungen.

Ihre weltweiten, bis ins Detail durchorganisierten Unternehmen unter Kontrolle zu behalten kostete Helena viel Zeit. Sie war ständig unterwegs, reiste von einem Kontinent zum anderen, war einmal in Paris zu Hause, dann wieder in New York oder London. Ihre Ehe zerbrach daran. Edward, der sich verstärkt der Literatur widmete – und jüngeren Frauen –, verließ sie. Sie arbeitete noch mehr, bekam ihre zunehmenden Depressionen damit jedoch nicht in den Griff und zog sich zur Erholung für längere Zeit in das Bircher-Brenner-Sanatorium bei Zürich zurück. Bei Vollwertkost, Müsli und rohem Gemüse kam sie wieder zu Kräften und schloss fortan die gesunde Ernährung in ihr Schönheitsprogramm mit ein. Erfolgreich propagierte sie den »Tag der Schönheit« in ihren Salons mit Wasserbehandlung, Ernährung, Gymnastik, Massagen, Make-up etc. und veröffentlichte nach »The Art of Feminine Beauty« 1938 ihr zweites Buch »Food for Beauty«. Noch im selben Jahr heiratete sie, inzwischen geschieden und sechsundsechzig Jahre alt, den einundvierzigjährigen georgischen Prinzen Artchil Gourielli-Techkonia. Der Prinz, ein leidenschaftlicher Bridgespieler wie sie, darüber hinaus ein Experte in alkoholischen Getränken und groß und blendend aussehend, tat ihr gut. Er heiterte sie auf und half ihr auch, über die Verluste des Zweiten Weltkriegs hinwegzukommen, in dessen Verlauf all ihr Besitz in Paris und London zerstört worden war. Für sie jedoch kein Grund aufzugeben. Es dauerte nicht lange, und Helena Rubinstein war in Europa wieder der bekannteste Name in der Kosmetikbranche – neben Elisabeth Arden, die 1942 ebenfalls einen russischen Prinzen geheiratet hatte. Diese Ehe dauerte allerdings nur dreizehn Monate, während Helena mit Gourielli bis zu dessen Tod im Jahr 1955 verbunden blieb.

Schon 1952 hatte sie Patrick O'Higgins als ihren Sekretär eingestellt. Higgins war in den folgenden Jahren der ständige Begleiter seiner Chefin, die jetzt zwar immer häufiger unter gesundheitlichen Beschwerden

litt, aber dennoch die Fäden ihres Weltkonzerns in der Hand behielt – auch wenn ihre Mitarbeiter zu den Geschäftsbesprechungen hin und wieder an ihr Bett beordert werden mussten. Am 1. April 1965 starb Helena Rubinstein in einem New Yorker Krankenhaus, nur wenige Tage nachdem sie ihre Autobiografie »Ein Leben für die Kunst der Schönheit« abgeschlossen hatte. Sie war vierundneunzig Jahre alt geworden – und sie war die »vielleicht erfolgreichste Geschäftsfrau der Welt«, wie das amerikanische Magazin *Life* schrieb. Helena Rubinstein hinterließ, über fünf Kontinente verstreut, vierzehn Fabriken, zweiunddreißig Schönheitssalons und über hundert Firmengesellschaften mit insgesamt 30 000 Beschäftigten.

Antonia Meiners

Jeanne
TOUSSAINT

1887–1978

Der Startschuss für ihre kometenhafte Karriere als Schmuckdesignerin fiel, als sie den Pariser Juwelier Louis Cartier kennenlernte. 1933 wurde die extravagante Selbstdarstellerin von ihm zur Kreativchefin berufen, und Jeanne Toussaint veränderte den Stil des Schmuckhauses grundlegend. Sie setzte auf Gelbgold, bunte bewegliche Steine und Tiermotive. Zu ihren bekanntesten Entwürfen zählt der Panther, der sich auf einem Saphirball räkelt. Aufgrund des Erfolgs der mit Diamanten besetzten Raubkatzen wurde Toussaint nur noch »La Panthère« genannt. Cartier setzte die Pantherserie auch nach dem Tod der Schmuckgestalterin fort – für alle Frauen, die mit Preziosen Souveränität und Sexappeal ausdrücken wollen.

Von Anfang an fühlte sich die Tochter eines einfachen Schneiders in der Gesellschaft von Künstlern und Kunstsinnigen offensichtlich am besten aufgehoben. Toussaint verkehrte mit dem italienischen Porträtmaler Giovanni Boldini, der höchst erfolgreich die Schönen und Reichen auf Leinwand festhielt, sie war bekannt mit dem französischen Illustrator Paul Helleu und dem Karikaturisten Sem, einem weiteren Landsmann. Über Antiquitäten und die dekorativen Künste lernte sie alles bei dem Antiquitätenhändler Charles Michel. Diese in der Pariser Kunstszene etablierten und vernetzten Persönlichkeiten verschafften ihr vermutlich das Entree in die gehobenen Kreise und motivierten sie zu eigenen kreativen Arbeiten. Sicher ist nur, dass Toussaint irgendwann damit begann, Handtaschen zu entwerfen, die der letzte Schrei waren und sich in der Hautevolee bestens verkauften.

Der Startschuss für ihre kometenhafte Karriere als Schmuckdesignerin fiel 1918, als sie Louis Cartier, den Enkel des Firmengründers Louis-François, kennenlernte. Louis leitete das Pariser Stammhaus in der luxuriösen Rue de la Paix, während seine Brüder Jacques und Pierre die Cartier-Filialen in London und New York führten. Genauso wie schon sein Großvater und sein Vater Alfred verstand es Louis Cartier, Mitglieder der europäischen Königshäuser, indische Maharadschas und amerikanische Millionäre als Kunden

Jeanne Toussaint war – neben der legendären Gabrielle »Coco« Chanel – das zweite Mädchen aus der Provinz, das in den Dreißigerjahren die Mode- und Schmuckwelt in Paris revolutionierte. Sie war erst dreizehn, als sie 1900 ihr Elternhaus in der kleinen Stadt Vaucouleurs in Lothringen verließ, um in der französischen Metropole ein neues Leben zu beginnen. Was sie in den folgenden Jahren anstellte, um ihren Lebensunterhalt zu verdienen, ist nicht bekannt. Jeanne Toussaint erzählte nie etwas über ihre erste Zeit in der Großstadt. Vielleicht hätte es nicht in das perfekte Bild der erfolgreichen Kreativdirektorin des legendären Schmuckhauses Cartier, der Künstlermuse und der extravaganten Stilikone gepasst, das sie in der Öffentlichkeit bis zu ihrem Tod 1978 mit einundneunzig Jahren gezielt von sich selbst lancierte.

zu gewinnen. Zu den Letzteren zählte Daisy Fellowes, Erbin von Singer-Nähmaschinen, oder Barbara Hutton aus der Kaufhausfamilie Woolworth. Anlässlich der Krönung von Edward VII. zum König von England im Jahr 1901 lieferte Cartier zahlreiche Prunkstücke nach London, vor allem Diademe, und das Schmuckhaus eröffnete daraufhin seine exklusive Zweigstelle in der New Bond Street. Neben einem ausgeprägten Geschäftssinn hatte Louis Cartier auch ein feines Gespür, kostbare Steine wirkungsvoll in Szene zu setzen. Für die Fassung von Diamanten wählte er nicht wie im 19. Jahrhundert üblich Silber, das schwarz oxidiert, sondern Platin. Und während die Künstler und Designer in ganz Europa in den floralen Motiven des Jugendstils schwelgten, setzte er auf einen rigorosen Klassizismus und fertigte etwa Diademe in Form von Lorbeerkränzen an. Später prägte der geniale Juwelenkünstler Charles Jacqueau die neuen Trends in der Haute Joail-

lerie von Cartier. Unter dem Eindruck des von Sergej Diaghilew gegründeten Ensembles Ballets Russes entwarf dieser Schmuckstücke mit farbenprächtigen Amethysten, Smaragden und Saphiren und verdrängte damit endgültig den Marie-Antoinette-Stil mit seinen Pastelltönen, für den das Schmuckhaus bis dahin berühmt war.

Louis Cartier sorgte 1904 mit seinem Prototyp einer praktischen Armbanduhr für seinen Freund, den brasilianischen Flieger Alberto Santos Dumont, zudem für das zweite Standbein der Firma: die Uhrmacherkunst. 1911 ging die »Santos« genannte Armbanduhr in Serie. Daneben führte der Firmenchef auch luxuriöse Tischuhren ein, die als *Pendules Mystérieuses*, die »Geheimnisvollen«, berühmt wurden – es schien, als würden sich bei ihnen die Zeiger wie von Geisterhand fortbewegen.

In einer Firmenpublikation heißt es zu Jeanne Toussaints beruflichem Einstieg bei Cartier, dass ihr kunsthistorisches Wissen und ihre originellen Taschenkreationen Louis Cartier dazu bewogen haben, sie mit der Leitung der Accessoireherstellung zu betrauen. Sicher ist aber auch, dass der Enkel des Firmengründers, der 1898 die Enkelin des berühmten französischen Modehauses Worth geehelicht hatte, ihrem Charme erlegen war. Eine Zeit lang war Jeanne Toussaint die Geliebte von Louis Cartier, über Einzelheiten der Beziehung wird bei Cartier diskret geschwiegen.

1933 machte Louis Cartier seine talentierte Herzensdame zur Direktorin der Haute Joaillerie, die mit ihren vielen Einzelanfertigungen das Kerngeschäft von Cartier ausmachte. Unter Toussaints Federführung veränderte sich der Stil der Schmuckkunst grundlegend. Sie setzte auf riesengroße und verspielte Preziosen wie zum Beispiel eine Brosche in Form eines Fliederzweigs – »so realistisch gemacht, dass man damit eine Biene täuschen könnte«, urteilte die amerikanische *Vogue* über das Prachtstück. Außerdem bevorzugte sie ein gelbliches Gold anstelle von Platin, mit dem bisher die Edelsteine und Diamanten gefasst waren. »Wir sehen eine große Gier nach Gold«, beschrieb das Fashionmagazin ihren Leserinnen 1937 euphorisch den von Cartier diktierten neuen Trend in der Schmuckmode und empfahl: »Sattes Gelbgold und davon eine Menge. Es werden große Schmuckstücke getragen und es werden alte und neue Schmuckstücke gemischt. An einem Tag werden Sie die protzigen Reichtümer indischer Juwelen anlegen, am nächsten Tag moderne Entwürfe mit Diamanten, Smaragden und Rubinen. Die einzige Regel ist, seien Sie verschwenderisch, persönlich und unterhaltsam.«

Alle Cartier-Kundinnen liebten die luxuriöse Verspieltheit der Toussaint-Entwürfe

Nicht nur optische, auch technische Innovationen erfolgten unter der Leitung der mittlerweile erfahrenen Schmuckdesignerin. Es wurden Broschen, Ringe und Colliers mit beweglichen Steinen hergestellt sowie einige Serien von extravaganten Schmuckclips in Form von Blüten, damals sogenannten »Mohrenköpfen« oder »Indianerhäuptlingen«, die entweder als Knöpfe an Blusen und Jacken oder an Platinarmbändern getragen werden konnten. Diana Vreeland, amerikanische Stilikone und damals tonangebende Moderedakteurin bei *Harper's Bazaar*, schmückte sich mit sogenannten »Mohrenköpfen«, denn »Ende der 30er-Jahre waren sie absolut chic in Paris«. Alle Cartier-Kundinnen liebten die luxuriöse Verspieltheit der Toussaint-Entwürfe, die nichts pompös Verstaubtes mehr an sich hatten.

Jeanne Toussaint selbst pflegte einen exzentrischen Kleidungsstil und baute damit auch ihr ver-

kaufsförderndes Image in der Pariser Gesellschaft aus. Tagsüber zeigte sie sich meist in Marineblau, während sie sich abends in fließenden Seidenpyjamas oder in gemusterten Chinoiserieblusen präsentierte. Dazu trug sie Halsketten, meist geknotete Perlenschnüre oder indischen Schmuck, den sie sich über London nach Paris schicken ließ; und oft waren auch ihre Schuhe mit großen glitzernden Schmucksteinen verziert. Neben den langen Perlenketten gehörte zu ihrem Markenzeichen eine Pagenfrisur à la Louise Brooks, die, exakt geschnitten, ihre herben Gesichtszüge umrahmte und ihre markante Nase betonte. Ihre Wohnung in der Avenue d'Iéna war ein Mekka für Design-

liebhaber, erkennbar auch an der Beschreibung des englischen Gesellschaftsfotografen Cecil Beaton: »Die fast leeren Räume mit Holz wirken sehr modern, während die Möbel aus seltenen und schönen Stücken aus dem 18. Jahrhundert bestehen … Hier verbindet sich die Sensibilität einer Künstlerin mit der Leidenschaft des Sammelns, um ein Ambiente zu kreieren, das höchst intellektuell wirkt.«

Unter Jeanne Toussaints Leitung erholte sich das alteingesessene Schmuckimperium schnell von der ökonomischen Krise der Zwanzigerjahre, unter der alle Luxusgeschäftsbereiche zu leiden hatten. Der größte kreative Coup, den sie für Cartier landete, war die Wiederaufnahme des Panthermotivs in die Haute Joaillerie. 1914 hatte Louis Cartier seinen Kunden erstmals eine Uhr mit Leopardenfellmuster aus Diamanten und Onyxsplittern präsentiert und damit auf die allgemeine Vorliebe für Raubkatzenthemen in der Mode reagiert. Marchesa Luisa Casati, Industriellengattin und

italienische Muse, die für ihre skandalträchtigen Aufzüge bekannt war, erschien zu Festen und Kostümbällen sogar in Begleitung echter Raubkatzen, und Elsie de Wolfe, Amerikas erste berühmte Innenarchitektin, setzte mit Leoparden-, Tiger- und Zebrafellen einen neuen Trend im Interiordesign der Zwanzigerjahre. Der Panther wiederum wurde nun erneut zum Symbol für weibliche Unabhängigkeit und eine dämonische Erotik, was nicht nur zu den dekadenten Jahren vor dem Ersten Weltkrieg passte.

Jeanne Toussaint hatte ebenfalls eine Vorliebe für Raubkatzen. Sie besaß einen Tigerfellmantel, und dazu passend waren auch ihr Zigarettenetui, ihre Puderdose und ihr Schminkkoffer mit einem Tigerfelldekor ausgestattet. Als sie dann in den Vierzigerjahren Cartiers Schmuckkollektion durch einen dreidimensionalen Panther bereicherte, der sich auf einem blauen Edelstein-Cabochon räkelt, konnten viele Cartier-Liebhaber nicht widerstehen. Der Herzog von Windsor gab gleich zwei solcher prachtvollen Pantherbroschen für die Herzogin von Windsor in Auftrag – 1948 stellte Cartier einen Panther mit Goldeinsprengseln auf einem 116,74-karätigen Smaragd her, ein Jahr später war die Raubkatze, die einen märchenhaft großen Saphir umklammerte, mit Diamanten und Saphirsplittern besetzt. Die größte Konkurrentin der Herzogin von Windsor, Mrs Fellowes, parierte mit einer Panthère-Brosche aus Diamanten und kompletten Saphiren. Das kostbarste Panthère-Set wurde aber knapp zehn Jahre später für Prinzessin Nina Aga Khan angefertigt: eine Jabotnadel, eine variable Brosche und ein Armreif mit zwei Pantherköpfen.

Die Vorliebe für Tiere und auch Blumen teilte Jeanne Toussaint mit dem Schmuckdesigner ihres Vertrauens: Peter Lemarchand setzte ihre Ideen kongenial in Zeichnungen um. Stunden verbrachte er im Zoo, um

die Bewegungen der Raubkatzen zu studieren. Das Ergebnis konnte sich sehen lassen. Seine Figuren waren frei von allen Stilisierungen, vielmehr betonte er die physische Kraft, die Plastizität und die typischen Bewegungsabläufe der stolzen Tiere.

Über den Führungs- oder Arbeitsstil von der »Pantherin« weiß man jedoch kaum etwas – das Haus Cartier pflegt auch hierbei eine sehr diskrete Informationspolitik. Nur so viel: An den Dienstagskonferenzen, die sie abhielt, durfte keiner fehlen, selbst Lemarchand nicht, der als freischaffender Künstler eine Sonderstellung genoss und oft nur einige Stunden in der Woche für Cartier zeichnete.

Trotz der guten Führung des Pariser Stammhauses hatte Cartier während des Zweiten Weltkriegs unter der deutschen Besatzung einen Einbruch erfahren. Es war den Ateliers kaum etwas anderes übrig geblieben, als die geforderten Rangabzeichen und Medaillen herzustellen. Als Zeichen des Widerstands ließ Jeanne Toussaint jedoch von Peter Lemarchand im Dezember 1940 eine Brosche mit Symbolcharakter her-

stellen, einen Vogel in den Nationalfarben Blau, Weiß, Rot, eingesperrt in einem Käfig. Als man ihn im Schaufenster des Geschäftes in der Rue de la Paix ausstellte, wurde Lemarchand umgehend in das Hauptquartier der Deutschen zitiert, das sich im Hotel Majestic befand. Glücklicherweise blieb die Provokation ohne gravierende Folgen. Nach der Befreiung von Paris im August 1944 präsentierte man den Vogel im Schaufenster unter dem triumphierenden Titel »Freier Vogel« – natürlich in einem geöffneten Vogelkäfig.

In den Sechzigerjahren zog sich Jeanne Toussaint aus dem Schmuckgeschäft zurück. Ihr kreativer Geist zeigt sich auch noch nach ihrem Tod im Jahr 1978 in den grandiosen Panthère-Schmuckstücken, die bis heute von Schauspielerinnen, Models und Prinzessinnen getragen werden – mit der Botschaft: Ich bin reich, unabhängig und gefährlich.

Claudia Lanfranconi

Estée
LAUDER

1906–2004

Als Estée Lauder ihre ersten Cremetiegel verteilte, genossen Helena Rubinstein und ihre Rivalin Elizabeth Arden bereits internationalen Ruhm an der Spitze ihrer florierenden Unternehmen. Wie diese beiden Pionierinnen der Kosmetikbranche begann auch die New Yorkerin Estée in einem winzigen »Küchenlabor« mit der Produktion der ersten Salben und Lotionen und legte damit den Grundstein für ihren von Erfolg gekrönten Einzug in die Welt der Schönheit. Anders als ihre älteren Konkurrentinnen betrieb sie keinen eigenen Schönheitssalon, sondern setzte auf den Verkauf in Warenhäusern der Luxusklasse – und lag damit genau richtig. Dank ihres phänomenalen Verkaufstalents und ihres Könnens, ihres unbedingten Wollens, ihrer Leidenschaft und Fantasie schaffte sie es ganz nach oben. 1983, als sie sich aus dem Tagesgeschäft zurückzog, zählte die Lauder-Familie zu den reichsten dieser Welt.

ör auf, in anderer Leute Gesicht herumzufuch-
teln«, mit diesen Worten ermahnte Max Ment-
zer immer wieder seine Tochter Josephine
Esther, die es nicht lassen konnte, neu gemixte Hautcremes an den Familienmitgliedern auszuprobieren.
Eigentlich hätte sie Esty heißen sollen – nach der Lieb-
lingstante ihrer aus Ungarn stammenden Mutter Rose
Schotz; stattdessen hatte der amerikanische Standesbe-
amte »Esther« ins Geburtenregister eingetragen. Zur
Welt gekommen war Esther, die man später dann Estée
rief, am 1. Juli 1906 – sie selbst gab stets 1908 an – in
Corona, New York. Der Vater, ebenfalls eingewandert
aus Österreich-Ungarn, liebte elegante Kleidung und
hatte in Amerika die bezaubernde Rose geheiratet, deren seidiges langes Haar zu bürsten schon für die kleine
Esther ein Vergnügen war. Die Vorliebe für die Schönheitspflege hielt ungebrochen an, und so war es ein
großes Glück, dass eines Tages auch ihr Onkel Johann
Schotz aus Europa in die Staaten immigrierte. Onkel
John, ein Dermatologe, richtete im Stall hinter seinem
Haus ein Laboratorium ein, wo er selbst Hautcremes
herstellte. Dort experimentierte Esther mit ihm gemeinsam – und gab nach den gelungenen innerfamiliä-
ren Tests erste Cremeproben an ihre begeisterten
Schulfreundinnen weiter.

Bei der Wahl ihres Berufs schwankte sie allerdings
zwischen Kosmetik und Theater, denn sie empfand
durchaus Gefallen an ihrer Selbstdarstellung. Zu einer
Entscheidung aber kam es vorerst nicht: Am 15. Januar
1930 heiratete sie Joseph Lauter. Das junge Paar zog
nach Manhattan, wo Joe, der die Handelsschule absolviert hatte, mit unterschiedlichen Beschäftigungen
Geld zu verdienen hoffte und schließlich ein Textilge-
schäft betrieb – allerdings ohne nennenswerten Erfolg.
Esteé experimentierte unterdessen in ihrer Küche
weiter mit den Cremes und versuchte sich im Cherry

Lane Theater am Broadway als Schauspielerin. Dies
ließ sie aber bald wieder fallen – Kosmetik war doch
mehr ihre Sache.

Als ihr 1932 geborener Sohn Leonhard zur Schule kam, begann sie, in ihrer Wohnung interessierten
Kundinnen ihre Produkte aufzutragen. Kennengelernt hatte sie die Damen in dem Beauty-Salon von
Florence Morris, dem House of Ash Blondes, wo sie
sich einmal im Monat die Haare blondieren ließ. Von
Mrs Morris auf ihre »Heimkosmetik« angesprochen,
ergriff sie sofort ihre Chance und demonstrierte ihr
Reinigungsöl, ihre Lotion, ihr »Creme Pack« sowie
ihre »Super-Rich All Purpose Cream«. Zum Schluss

und einem Make-up verwöhnte. Und sie hatte als Erste die Idee mit der Gratisprobe, ohne die das Geschäft mit hochwertiger Kosmetik heute kaum mehr zu denken ist. Selbst wenn eine der Frauen nichts erworben hatte, erhielt sie zum Beispiel in einem Wachsumschlag einige Löffelchen Puder, etwas Rouge oder Lippenstift. Estée vertraute fest der Qualität ihrer Ware, die noch immer im Labor des Onkels hergestellt wurde, und war sich sicher, dass diese Frauen das nächste Mal etwas bei ihr kaufen würden. Die steigende Zahl der Kundinnen gab ihr recht. Bald bekam sie das Angebot für den Verkauf ihrer Produkte in einem weiteren Salon, stellte Personal ein, das sie dafür selbst ausbildete und auch täglich kontrollierte. Darüber hinaus fuhr sie jedes Jahr im Sommer für einige Wochen in zwei Luxushotels auf Long Island, um dort Urlauberinnen in Schönheitspflege zu unterweisen – ein Programm, das sie während der Wintermonate auch in den Privatwohnungen ihrer neu gewonnenen Kundinnen fortsetzte.

»Ich habe keinen Tag meines Lebens gearbeitet, ohne etwas zu verkaufen«

Während Estée ständig unterwegs war und das Geschäft ausbaute, blieb Joe mit Sohn Leonhard zu Hause. Rückblickend schrieb Estée in ihrer Autobiografie »Estée: Eine Erfolgsstory« über diese Zeit: »Ich bewegte mich ständig vorwärts. All das erforderte viele Aktivitäten, die ihn entweder nicht interessierten oder ihn sogar ausschlossen – teilweise wegen seiner stilleren Art ... Joe war solide und heiter. Ich war wie Quecksilber getrieben.« Estée genoss die Anerkennung und das Leben in einer glamourösen Welt, fühlte sich durch Joe mehr und mehr eingeengt. Im April 1939 ließ sie sich scheiden.

Im Gepäck immer die Estée-Lauder-Produkte mit sich führend, pendelte sie in den folgenden Jahren zwi-

strich sie der Salonbesitzerin einen Hauch von Puder aufs Gesicht. Mrs Morris bot ihr ohne zu zögern in ihrem Schönheitshaus in der 39 East 60th Street die Beauty-Konzession an. Dort konnte Estée Lauder – wie sie sich jetzt nannte – mit einem eigenen Stand ihre Kosmetikartikel anbieten.

Von der Qualität ihrer Produkte überzeugte sie ihre potenziellen Kundinnen, indem sie sie während der Friseurbehandlung unentgeltlich mit ihren Cremes

schen Miami Beach und New York hin und her, hatte vielleicht auch einige Liebhaber – obwohl sie dies angesichts der in der amerikanischen Gesellschaft herrschenden Doppelmoral offiziell niemals zugegeben hatte. Voneinander lassen konnten Joe und Estée jedoch nicht, und sie blieben auch ständig in Kontakt wegen ihres gemeinsamen Sohnes Leonhard. Zunehmend vermisste Estée ihren Exmann, der immer ein Ruhepol für sie war. Im Dezember 1942 heirateten sie ein zweites Mal. Joe gab sein eigenes Geschäft auf und übernahm Organisation und Finanzen in Estées erstem Büro in der 60. Straße, sie konzentrierte sich auf den Verkauf. Der allerdings stagnierte, nachdem sie 1943 ihren zweiten Sohn, Ronald, geboren hatte. Den Ratschlag, alles aufzugeben und sich Mann und Kindern zu widmen – vorgetragen von Familie und Freunden –, verwarf sie aber sofort.

Estée ging vielmehr daran, ihren Kundenkreis zu erweitern – und nahm dafür das Luxuswarenhaus Saks in der Fifth Avenue ins Visier. Kein leichtes Unterfangen, denn der Manager sträubte sich zunächst, da er an einer ausreichenden Nachfrage an Lauder Produkten zweifelte. Aber Estée ließ nicht locker, fragte hartnäckig immer wieder nach, versuchte es über Umwege und spannte auch Bekannte bei ihren Bemühungen mit ein. 1946 endlich ließ sich der Chef des Hauses erweichen und gestand ihr eine Verkaufsfläche zu, wo sie Waren im Wert von 800 Dollar anbieten konnte. Dafür musste aber die Produktion erhöht werden. So mieteten die Lauders die Räume eines ehemaligen Restaurants am Central Park West an. Gemeinsam gingen sie ans Werk: In der Küche sterilisierten sie die Tiegel auf alten Gaskochern, mixten die Cremes, füllten sie ein und verpackten sie.

Dass die Befürchtungen des Managers sich als überflüssig erwiesen, dafür sorgte Estée. In ihrer Auto-

biografie schrieb sie: »Ich habe keinen Tag meines Lebens gearbeitet, ohne etwas zu verkaufen. Wenn ich an etwas glaube, verkauf ich es.« Außerdem griff sie neben den bewährten Gratisproben nach einem weiteren äußerst wirksamen Werbemittel: einer Postkarte, die sie an potenzielle Kundinnen verschickte und bei deren Vorlage es ein Lauder-Produkt gratis gab. Der Erfolg dieser Kampagne war überwältigend. Nunmehr erhielt sie auch die Unterstützung des Saks-Managements, das ihr die Kundenkartei des Hauses zur Verfügung stellte. Der Direct-Mail-Manager erinnerte sich später: »Sie war eine großartig aussehende Frau ... Ich mochte sie einfach als Persönlichkeit. Und man kann kaum glauben, wie weiblich sie dabei blieb. Sie konnte mit dem dominierenden männlichen Gehabe umgehen, mit dem sie tagtäglich konfrontiert war. Sie hatte einfach ein Gespür dafür, wie sie die Leute dazu bringen konnte, sie zu mögen. Wir erledigten Anfang der fünfziger Jahre eine Menge Aussendungen für sie.«

An den wenigen Tagen, die sie zu Hause verbrachte, experimentierte sie nach wie vor mit neuen Rezepturen – und um diese Zeit schwebte ihr ein neuer Duft vor. Monatelang mischte sie verschiedenste Essenzen, bis sie zufrieden war mit einer Komposition, die an ein Parfum ihrer Mutter erinnerte. Sie nannte sie »Youth Dew« (»Tau der Jugend«) und brachte sie 1953 zuerst als Badeöl, dann als Duft auf den Markt. Mit dem Verkauf von »Youth Dew« schlug das Unternehmen Lauder alle Rekorde. Schon im Einführungsjahr betrug der Umsatz 50 000 Dollar, 1984 stieg er auf 150 Millionen Dollar! Über Jahrzehnte waren dieses Parfum wie auch die tiefblauen Cremetiegel das Markenzeichen von Estée Lauder.

Ein solcher Erfolg lockte natürlich auch Neider und Kopisten auf den Plan. Zu ihnen gehörte Charles Revson, der Begründer des Kosmetikkonzerns Revlon. Er besaß mit modernster Technologie ausgerüstete Labors zur Analyse von Beauty-Produkten – worauf er auch stets hinwies. Als zum Beispiel Lauder 1964 die Männerlinie »Aramis« kreierte, zog Revson mit »Braggi« nach, und als Estée 1968 die allergiegetestete und parfumfreie Linie »Clinique« herausbrachte, folgte er mit »Ethera«. Estée Lauder und Charles Revson blieben zeit ihres Lebens erbitterte Feinde, bekämpften sich sogar weit stärker als die beiden Konkurrentinnen Helena Rubinstein und Elizabeth Arden. Dem Erfolg der Unternehmen hat dies aber offenbar nicht geschadet.

1967 zählte Estée Lauder zu den hundert erfolgreichsten Geschäftsfrauen Amerikas

1960 wagte Estée Lauder den Schritt über den Atlantik. Mithilfe der Modezeitschriften *Queen* und *Harper's Bazaar* und mit der ihr eigenen Hartnäckigkeit und Überredungskunst gelang ihr der Einstieg bei Harrods in

Der Einstieg bei Saks bedeutete den Durchbruch für Estée. Noch im selben Jahr gründete sie mit ihrem Mann die Firma Estée Lauder Company. Von nun an war ihr Leben geprägt von Promotiontouren in alle großen Städte der USA. So schaffte sie es, Anfang der Fünfzigerjahre in den wichtigsten Nobelkaufhäusern vertreten zu sein. Neue Produktionsstätten entstanden, um den immer größer werdenden Bedarf an Artikeln decken zu können.

London und bald darauf bei den traditionsreichen Galeries Lafayette in Paris. Weitere Städte folgten; Fabriken entstanden in Belgien und Italien. Entwickelt wurden in diesen Jahren auch neue Werbekonzepte. Als Erste hatte Estée die Idee einer Werbung mithilfe eines mit dem Produkt identifizierbaren Models, der sogenannten Lauder-Frau, die sie in enger Zusammenarbeit mit dem amerikanischen Fotografen Victor Skrebneski entwickelte. Immer nur ein Exklusivmodel wurde engagiert. Zu großer Popularität brachte es hier Karen Graham, die von 1970 bis 1985 für die Lauder-Produkte posierte. »Die aristokratische Graham war«, wie Doris Burchard in ihrem Buch »Der Kampf um die Schönheit« konstatiert, »die fleischgewordene Lauder-Idee.« So mancher dachte, es wäre Estée Lauder selbst, die hier für ihr Unternehmen Modell stand. Denn die Graham entsprach genau ihrem Typ: »Blond, zierlich, blauäugig, mit einer Haut, wie sie reiner und makelloser kaum eine Zwanzigjährige haben könne.« So jedenfalls beschrieb die Zeitschrift *Madame* die Prinzipalin.

In den nächsten Jahrzehnten wurde aus dem Unternehmen Lauder ein international führender Kosmetikkonzern. 1967 zählte das Magazin *Harper's Bazaar* Estée Lauder zu den hundert erfolgreichsten Geschäftsfrauen Amerikas, 1978 wurde ihr in Paris der Orden »Ritter der Ehrenlegion« verliehen, nachdem sie die Restaurierungsarbeiten in Schloss Versailles großzügig unterstützt hatte. Söhne und Schwiegertöchter stiegen mit ein ins Geschäft, später auch die Enkel. Estée blieb die führende Kraft, bis 1983 ihr Mann Joe starb. Aus dem Tagesgeschäft zog sie sich zurück, nahm aber weiterhin Anteil am Geschehen. 1995 ging das Unternehmen, zu dem inzwischen unter anderem auch die Kosmetiklinien der Designer Tommy Hilfiger oder Donna Karan gehören, an die Börse. Die Verwandten jedoch behielten die Mehrheit der Aktien, sodass die Firma Estée Lauder

noch heute in Familienbesitz ist. So, wie es sich ihre Gründerin immer gewünscht hatte – anders als die Unternehmen von Helena Rubinstein und Elizabeth Arden, die nach deren Tod bald die Besitzer wechselten und in größeren Weltkonzerne aufgingen.

In ihren letzten Lebensjahren widmete sich Estée Lauder, die, wie in der Zeitschrift *Brigitte* einst zu lesen war, »Power für die ganze Sippe« hatte, vorrangig sozialen und kulturellen Projekten. Am 24. April 2004 starb sie in New York.

Antonia Meiners

Patricia
URQUIOLA *1961

Sie gehört zu den wenigen Frauen, die in der Topliga der internationalen Designszene agieren. »Hurricane« haben die Italiener die nach Mailand zugezogene Spanierin getauft, weil sie mit der Kraft eines Sturms durch diese fegt. Zu den Kunden ihres 2001 gegründeten Büros Studio Urquiola gehören die bekanntesten Möbel- und Lampenhersteller der Branche, darunter De Padova, Moroso, B&B, Cappellini und Alessi. Jüngst wurde sie von der Fachpresse zur Designerin der ersten Dekade des 21. Jahrhunderts ausgerufen. »Ein Gegenstand muss aktive Neugier erzeugen und Lust darauf machen, ihn zu berühren und nicht nur anzusehen«, lautet ihr Motto. Das Ergebnis sind poetisch anmutende Möbel aus ungewöhnlichen Materialien, die sich nicht nur in private Interieurs einfügen, sondern auch Restaurants und Hotels wie dem Mandarin Oriental in Barcelona eine sinnliche und markante Atmosphäre verleihen.

hren vierzigsten Geburtstag feierte Patricia Urquiola mit der Eröffnung eines eigenen Büros für Architektur und Design in Mailand. Zu diesem Zeitpunkt konnte die 1961 in Oviedo geborene Spanierin sicher sein, dass sie mit ihrem Studio Urquiola in Italien höchst erfolgreich sein würde – denn bis zur Gründung ihrer Firma hatte ihre Karriere unter einem guten Stern gestanden. Gleich im Anschluss an ihr Studium der Architektur in Madrid setzte sie ihre wissenschaftliche Laufbahn an der Mailänder Polytechnischen Universität fort. Mailand war in jeder Hinsicht der geeignete Ort, hatte sich die Stadt doch in den Achtzigerjahren zu einem Zentrum für postmodernes Design entwickelt. Die Designergruppe Memphis, von einem der einflussreichsten italienischen Designer, Ettore Sottsass, 1981 gegründet, feierte Erfolge mit poppiggrellen Möbeln in exzentrischen Formen. Memphis-Architekten wie Andrea Branzi entwarfen utopische Städte und bekannten sich in theoretischen Manifesten zu einem Design, das dem Alltag und dem Konsum huldigte. Die gesamte Memphis-Gruppe wurde mit ihren zum Teil witzigen, zitatenreichen Objekten und ihrem Materialienmix zu einem Vorreiter für neues Design aus Italien. Patricia Urquiola war begeistert von dem liberalen Umgang zwischen Studenten und Professoren, der sich deutlich von dem unterschied, was sie aus Spanien gewohnt war. Glücklich konnte sie sich auch schätzen, als sie als Promotionsstudentin bei dem als Legende geltenden Achille Castiglioni angenommen wurde. Der italienische Industriedesigner, der unter anderem mit der Konstruktion eines Freischwingers Berühmtheit erlangte, auf dem ein gewöhnlicher Traktorsitz montiert wurde (»Mezzadro«), zeigte damit schon 1957, dass Design auch Witz

haben darf. Das Credo, das ihr Lehrer vertrat, bestand in zwei Worten: »absolute Freiheit«, und gemeint war war die Experimentierfreude. Eine Haltung, die die Arbeitsweise seiner Schülerin beeinflussen sollte – und zwar in ungewöhnlichster Weise.

Es gibt nicht viele Frauen, die sich unter der von Männern dominierten Riege erstklassiger Möbeldesigner einen Namen machen können. Patricia Urquiola ist das gelungen. Die größte Schwierigkeit sah Urquiola am Anfang ihrer Laufbahn als Möbeldesignerin allerdings darin, die eigene Unsicherheit zu überwinden und sich selbst überzeugend darzustellen. »Oh mein Gott, du bist eine Frau und hast vor, dich bei großen Firmen zu bewerben«, formulierte sie ihre anfänglichen Bedenken in einem Interview. 1990 gelang ihr jedoch der Einstieg bei der von Fernando und Maddalena De Padova Ende der Fünfzigerjahre gegründeten Möbelfirma De Padova. Das Ehepaar brachte skandinavisches Design nach Italien und entwickelte vieles gemeinsam mit den Künstlern aus dem Norden Europas.

Die Beziehung zwischen der Grande Dame Maddalena De Padova und Patricia Urquiola war geprägt von einem tiefen Verständnis, wenn es um die jeweilige Denkweise ging. Patricia wurde Designerin bei De Padova und entwarf Möbel in enger Absprache mit der Chefin, die ihr dennoch Freiheiten ließ, sie herausforderte und so ihr Talent förderte. »Maddalena ließ mich träumen und überzeugte mich darin, dass die Arbeit dann wunderbar ist, wenn sie deinem Leben folgt wie ein guter Freund und nicht als Pflicht empfunden wird. Das war ihre Haltung und die von Magistretti und Castiglioni«, schreibt Patricia über ihre Zeit mit Maddalena. 1983 hatte Maddalena De Padova, die seit dem Tod ihres Mannes im Jahr 1967 die Firma allein weiterführte, eine eigene Edition von Designermöbeln mit dem Titel »Edizioni De Padova« ins Leben gerufen, für die die bestens vernetzte Geschäftsfrau viele international bekannten Designer gewinnen konnte – Arne Jacobsen, Dieter Rams und auch Achille Castiglioni.

In De Padovas Büro für Produktentwicklung arbeitete Patricia Urquiola zwischen 1991 und 1996 mit dem Italiener Vico Magistretti zusammen, mit dem sie diverse Möbel gestaltete, so die Sessel »Flower«, die zusammengestellt und in unterschiedlichen Rottönen bezogen die Form einer Blüte ergeben. 1996 übernahm sie in Mailand die Leitung der Designergruppe im Studio des Architekten Piero Lissoni, wo sie Projekte für renommierte Möbelhersteller wie Antares-Flos, Cappellini und Cassina umsetzte. Urquiola selbst betrachtete die Zeit in diesem Büro als eine weitere Etappe ihrer Ausbildung: »Von Piero Lissoni lernte ich, wie man sich vor der Industrie präsentiert, wie man seine Ideen verteidigt, wie man seine Schüchternheit überwindet und wie man mit guten Kunden arbeitet.«

»Mir gefällt es mehr, einem Objekt eine Seele zu geben«

Erste Schritte als selbstständige Designerin für Showrooms, Restauranteinrichtungen und Franchiseunternehmen wie Maska in Italien oder Tomorrowland Stores in Japan machte sie schon drei Jahre zuvor, gemeinsam mit den Architektinnen Marzia de Renzio und Emanuela Ramerino. Besonders prägend erwies sich jedoch ihre Zusammenarbeit mit Moroso, einem italienischen Designmöbelhersteller. Patrizia Moroso war begeistert von den poetischen Entwürfen der Spanierin. In den Achtzigerjahren hatte die Tochter des Firmengründers Agostino Moroso das 1952 in Udine gegründete Unternehmen mit einem neuen Konzept aus der Krise geführt. Sie arbeitete mit Künstlern zusammen, die sie während ihres Kunststudiums in Bologna kennengelernt hatte. Seither steht Moroso in der Einrichtungsbranche nicht nur für besonders qualitätvolle Polstermöbel, sondern auch für die Realisierung von künstlerischen Entwürfen. Mit Moroso setzte Urquiola einige ihrer bekanntesten Entwürfe wie den Sessel »Fjord« um sowie die mit Filzstoff bezogene Liege »Antibodi«, die an eine sommerliche Blumenwiese erinnert. Ihre Möbel spielen mit der Oberfläche, indem

sie sie ganz neu interpretieren. Dabei entstehen Entwürfe, die alltagstauglich sind und dennoch wie Skulpturen aussehen. Man weiß im ersten Moment nicht, ob man sich in solche Gestaltungsobjekte mit derart betonten Oberflächen hineinsetzen kann. Aber berühren, über die Materialien streichen, möchte man auf alle Fälle, denn Urquiola geht es um Haptik und um eine Produktverkleidung, die ebenso experimentierfreudig und im Ergebnis überraschend wie überzeugend ist.

Ihr eigenes Studio teilt sie mit Martino Berghinz, der hauptsächlich für die architektonischen Entwürfe verantwortlich ist. Urquiola widmet sich dagegen dem Design: »Mir gefällt es mehr, einem Objekt eine Seele zu geben und dann einen Weg zu finden, es in Serie zu produzieren.« In weiser Voraussicht hat sich sogar das Metropolitan Museum of Art in New York einige ausgesuchte Möbel der erfolgreichen Designerin gesichert.

Patricia Urquiola selbst bezeichnet sich als Perfektionistin, die wie besessen an ein Projekt denkt, bis sie eine befriedigende Lösung gefunden hat. Ihre Entwürfe sprühen vor Einfallsreichtum und sind Ausdruck ihrer Freude an der Arbeit, die tatsächlich niemals Pflicht geworden ist. Ihre Stoffe, Teppiche, Lampen, Porzellane und Möbel sind in ihrer Form- und Farbgebung exzentrisch, eigenwillig und doch kompatibel. Es sind Einzelstücke mit Persönlichkeit, die aber auch in Serie produziert werden können. Mehrfach wurde sie als Designerin des Jahres ausgezeichnet, und ihre Entwürfe erhielten internationale Preise. In einem Buch über ihre Arbeit wird der Schweizer Philosoph Denis de Rougement mit dem Satz zitiert: »Manche Menschen denken, andere handeln, aber die wahre Voraussetzung ist, mit den Händen zu denken.« Eine Fertigkeit, die Urquiola ohne Zweifel beherrscht.
Claudia Lanfranconi

Literatur

Alvar & Aino Aalto: Design. Collection Bischofberger, mit Texten von Thomas Kellein, Ostfildern-Ruit 2004.

Andreas Augustin: Hotel Sacher Wien, Wien 2008.

Jacques Barsac: Charlotte Perriand. Un art d'habiter, Paris 2005.

Kate Berridge: Madame Tussaud, Berlin 2009.

Doris Burchard: Der Kampf um die Schönheit. Helena Rubinstein, Elizabeth Arden, Estée Lauder, Hamburg 1999.

Edmonde Charles-Roux: Coco Chanel. Ein Leben, Frankfurt am Main 2009.

Ute Dahmen: Aenne Burda. Wunder sind machbar, Oberursel 2009.

Virginia G. Drachman: Enterprising Women. 250 Years of American Business, Boston 2002.

Annegret Erhard: Margarete Steiff, Berlin 2000.

Oliver Fabel, Reingard M. Nischik (Hg.): Femina Oeconomica. Frauen in der Ökonomie, München 2002.

Bernd Fitzenberger, Gaby Wunderlich (Hg.): Holen die Frauen auf? Geschlechtsspezifische Arbeitsmarktbeteiligung in Deutschland und Großbritannien, Baden-Baden 2003.

Katharine Graham: Wir drucken! Die Chefin der »Washington Post« erzählt die Geschichte ihres Lebens, Reinbek 2001.

Ruth Handler: Dream Doll. The Ruth Handler Story, Stamford, Connecticut, 1994.

Deborah Jaffé: Geniale Frauen. Berühmte Erfinderinnen von Melitta Bentz bis Marie Curie, Düsseldorf 2006.

Britta Jürgs (Hg.): Vom Salzstreuer bis zum Automobil: Designerinnen, Berlin 2002.

Bob Kealing: Tupperware, unsealed. Brownie Wise, Earl Tupper, and the home party pioneers, Gainsville, Florida, 2008.

Ulla Kinnunen (Hg.): Aino Aalto, Jyväskylä 2004.

Caroline Klein: Patricia Urquiola, Köln 2009.

Magdalena Köster: Brillante Bilanzen. Fünf Unternehmerinnen und ihre Lebensgeschichte. Weilheim, Basel 2005.

Marlene Kück (Hg.): Macht und Ohnmacht von Geschäftsfrauen, Berlin 1998.

Gertrud Lehnert: Frauen machen Mode, Berlin 1998.

Hans Nadelhoffer: Cartier, London 2007.

Gian Luigi Paracchini: Vita Prada. Personaggi, storie, retroscena d'un fenomeno di costume, Mailand 2009.

Jane R. Plitt: Martha Matilda Harper and the Amrican Dream, Syracuse, New York, 2000.

Miuccia Prada, Patrizio Bertelli: Prada, Mailand 2009.

Ernst Probst: Superfrauen 13, Mode und Kosmetik, Mainz 2001.

Steven und Linda Rouland: Knoll Furniture, Atglen, Pennsylvania, 1999.

125 Jahre Steiff-Firmengeschichte. Die Margarete Steiff-GmbH, Königswinter 2005.

Beate Uhse: Mit Lust und Liebe. Mein Leben, Frankfurt am Main, Berlin 1989.

Uta van Stehen: Liebesperlen. Beate Uhse – eine deutsche Karriere, Hamburg 2003.

Richard Weingard: Engineering legends. Great American civil engineers. 32 profiles of inspiration and achievement, Reston, Virginia, American Society of Civil Engineers 2005.

Michaela Wunderle (Hg.): Apropos Helena Rubinstein, Frankfurt am Main 1995.

Sibylle Zehle, Lo Breier: Die Bogner Story, Wien 1988.

Bildnachweis

Umschlagabbildungen
vorne: Coco Chanel, ullstein bild –
TopFoto; hinten: (v.l.n.r.) Interfoto/
Science & Society; dfd-images/Hubert
Burda Media; Mattel GmbH; Bogner

S. 1 Florence Knoll, knoll-int.com
S. 6 Giraudon/Musée d'Orsay
S. 8 picture-alliance/dpa
S. 9 picture-alliance/dpa
S. 10 Bogner
S. 11 Time & Life Pictures/
Getty Images
S. 12 Picture-Alliance/Photoshot
S. 13 picture-alliance/dpa
S. 16 ullstein bild – Granger Collection
S. 17 akg-images/Madame Tussauds
S. 18 ullstein bild – Granger Collection
S. 19 ullstein bild
S. 20 Interfoto/Mary Evans
S. 21 li. ullstein bild – heritage;
re. picture alliance/empics
S. 22–24 Margarete Steiff GmbH
S. 25 Interfoto/Bjarne Geiges
S. 26 Margarete Steiff GmbH
S. 27 ullstein bild
S. 28 Rue des Archives/RDA/sz-photo
S. 29 Tupperware
S. 30 beide Interfoto/Science & Society
S. 31 Rue des Archives/RDA/sz-photo
S. 32 Tupperware
S. 34 © Bettmann/Corbis
S. 35 ullstein bild – AP
S. 36 Mattel GmbH
S. 37 Paperdolls
S. 38 akg-images/PictureContact
S. 39 © Joyce Tenneson
S. 40–43 Marion O'Brien Donovan
Papers, Archives Center, National
Museum of American History,
Smithsonian Institution
S. 44 picture-alliance/KPA/TopFoto
S. 45 Interfoto/TV-yesterday

S. 46 action press/Andreas Froese
S. 47 Interfoto/Friedrich
S. 48 action press/Jay Ullal
S. 49 action press/Jay Ullal
S. 52, 54 Gleason Corporation
S. 56–61 aalto.com
S. 62 Archives Charlotte Perriand
(AChP) © adagp-achp 2010/Foto: Pierre
Jeanneret © VG Bild-Kunst, Bonn 2010
S. 63 Archives Charlotte Perriand
(AChP) © adagp-achp 2010/Design:
Le Corbusier © FLC/VG Bild-Kunst,
Bonn 2010; Pierre Jeanneret
© VG Bild-Kunst, Bonn 2010; Charlotte
Perriand © VG Bild-Kunst, Bonn 2010
S. 64 Archives Charlotte Perriand
(AChP) © adagp-achp 2010/Entwürfe
von Charlotte Perriand © VG Bild-
Kunst, Bonn 2010; Pierre Jeanneret
© VG Bild-Kunst, Bonn 2010
S. 65 Archives Charlotte Perriand
(AChP) © adagp-achp 2010
S. 67 akg-images/CDA/Guillemot/
Foto: Karl Bauer/Design: Charlotte
Perriand © VG Bild-Kunst, Bonn 2010
S. 68–71 Bogner
S. 72 knoll-int.com
S. 73 Museum of Modern Art,
New York/Scala, Florenz
S. 74, 75 knoll-int.com
S. 76 © Condé Nast Archive/Corbis
S. 80 Keystone Pressedienst/Keystone
S. 81 StockFood/Mick Rock Cephas
S. 83 StockFood/Thorsen Kern
S. 84 akg-images
S. 86–89 Hotel Sacher Wien
S. 90 sz-photo/Scherl
S. 91 Interfoto/mova
S. 92 Time & Life Pictures/
Getty Images
S. 93 Time & Life Pictures/
Getty Images
S. 94 © Catherine Karnow/Corbis

S. 95 Time & Life Pictures/
Getty Images
S. 96 Time & Life Pictures/
Getty Images
S. 97 Washington Post/Getty Images
S. 99 Getty Images
S. 102 ullstein bild – TopFoto
S. 103 Chanel
S. 104 © Douglas Kirkland/Corbis
S. 105, 106 Chanel
S. 107 ullstein bild – Roger-Viollet
S. 108 dfd-images/Hubert Burda
Media
S. 109 Burda Moden, 1962
S. 111 ullstein bild – ddp
S. 112 picture-alliance/dpa
S. 114 picture-alliance/dpa
S. 115 Courtesy of Prada
S. 116 Brigitte Lacombe
S. 117 action press/Olycom S.P.A.
S. 120–125 Syracuse University Press
S. 126 ullstein bild – Roger Viollet
S. 127 © Condé Nast Archive/Corbis
S. 128 ullstein bild – Roger Viollet
S. 129 © Condé Nast Archive/Corbis
S. 130 Scala, Florenz/Heritage Images
S. 131 Rue des Archives/Tal/sz-photo
S. 132 Cartier Archives © Cartier
S. 133 Cartier
S. 134–136 Interfoto/Mary Evans
S. 137 Cartier Archives © Cartier
S. 138 Rue des Archives/RDA/sz-photo
S. 139 Estée Lauder Companies
S. 140 © Condé Nast Archive/Corbis
S. 141 Estée Lauder Companies
S. 142 © Condé Nast Archive/Corbis
S. 143 © Joyce Ravid/Corbis
S. 144 © Patricia Urquiola
S. 151 Interfoto/ferro
S. 152 Bogner